ヤマケイ文庫

富山県警レスキュー最前線

富山県警察山岳警備隊・編

Yamakei Library

富山県警レスキュー最前線　目次

*本書は二〇一六年八月発行の『富山県警レスキュー最前線』(山と溪谷社刊)を文庫化したものです。

*また所属は、単行本発表当時のままにしてあります。

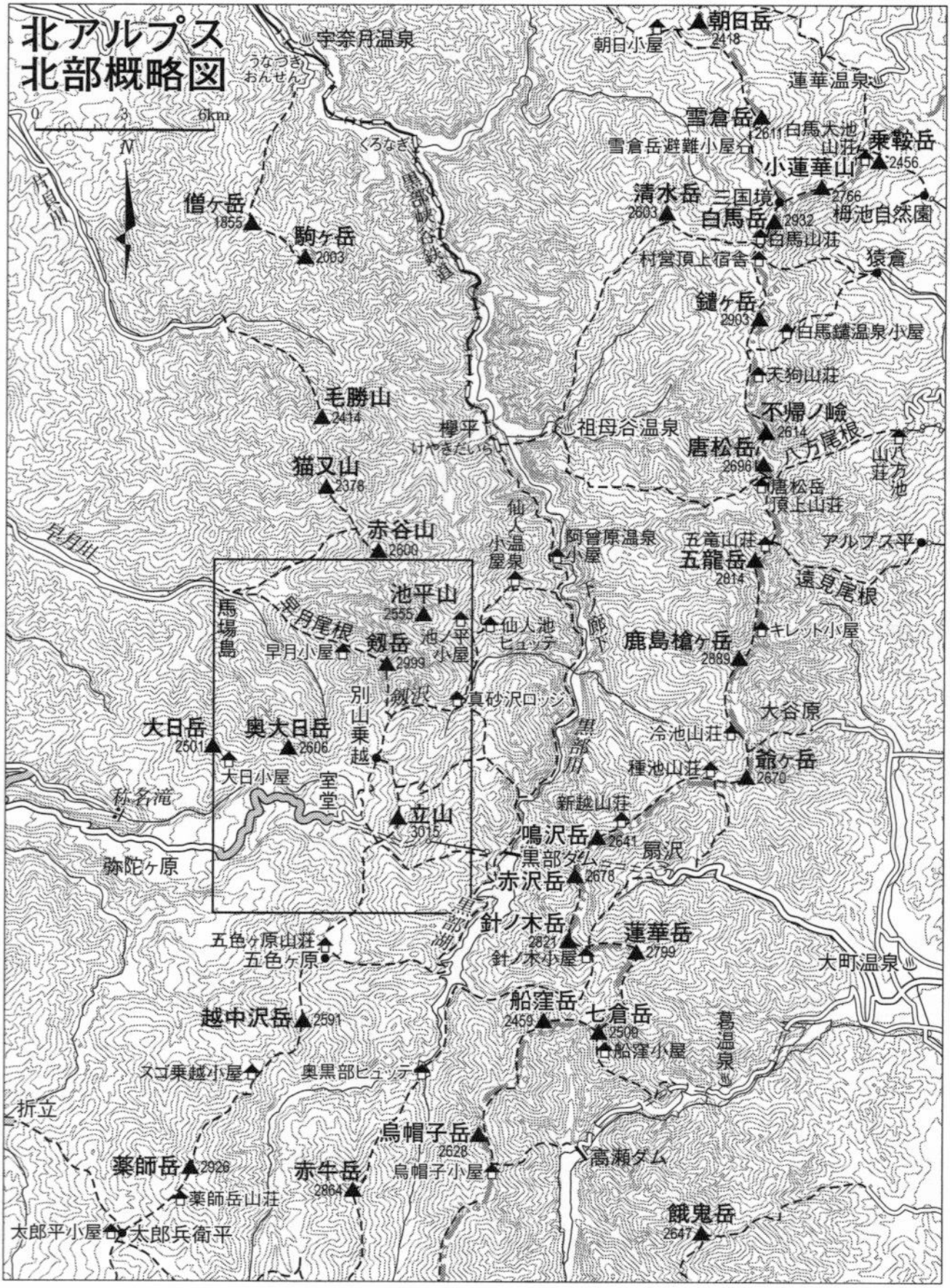
北アルプス
北部概略図
0 3 6km
N
宇奈月温泉
うなづきおんせん
朝日小屋
朝日岳 2418
蓮華温泉
雪倉岳 2611
白馬大池山荘
雪倉岳避難小屋
乗鞍岳 2456
小蓮華山
くろなぎ
黒部峡谷鉄道
片貝川
僧ヶ岳 1855
駒ヶ岳 2003
清水岳 2603
三国境
白馬岳 2932
2766
梅池自然園
白馬山荘
村営頂上宿舎
猿倉
鑓ヶ岳 2903
白馬鑓温泉小屋
天狗山荘
毛勝山 2414
不帰ノ嶮 2614
欅平
けやきだいら
祖母谷温泉
唐松岳 2696
八方尾根
八方池山荘
唐松岳頂上山荘
猫又山 2378
仙人温泉小屋
阿曽原温泉小屋
五竜山荘
アルプス平
早月川
赤谷山 2600
五龍岳 2814
遠見尾根
池平山 2555
馬場島
早月尾根
池ノ平小屋
仙人池ヒュッテ
鹿島槍ヶ岳 2889
キレット小屋
早月小屋
剱岳 2999
剱沢
真砂沢ロッジ
別山乗越
大谷原
黒部川
大日岳 2501
奥大日岳 2606
冷池山荘
爺ヶ岳 2670
種池山荘
大日小屋
称名滝
室堂
新越山荘
立山 3015
鳴沢岳 2641
黒部ダム
扇沢
弥陀ヶ原
赤沢岳 2678
黒部湖
針ノ木岳 2821
蓮華岳 2799
五色ヶ原山荘
五色ヶ原
針ノ木小屋
大町温泉
船窪岳 2459
七倉岳 2509
越中沢岳 2591
葛温泉
船窪小屋
スゴ乗越小屋
奥黒部ヒュッテ
折立
烏帽子岳 2628
高瀬ダム
薬師岳 2926
赤牛岳 2864
烏帽子小屋
薬師岳山荘
餓鬼岳 2647
太郎平小屋
太郎兵衛平

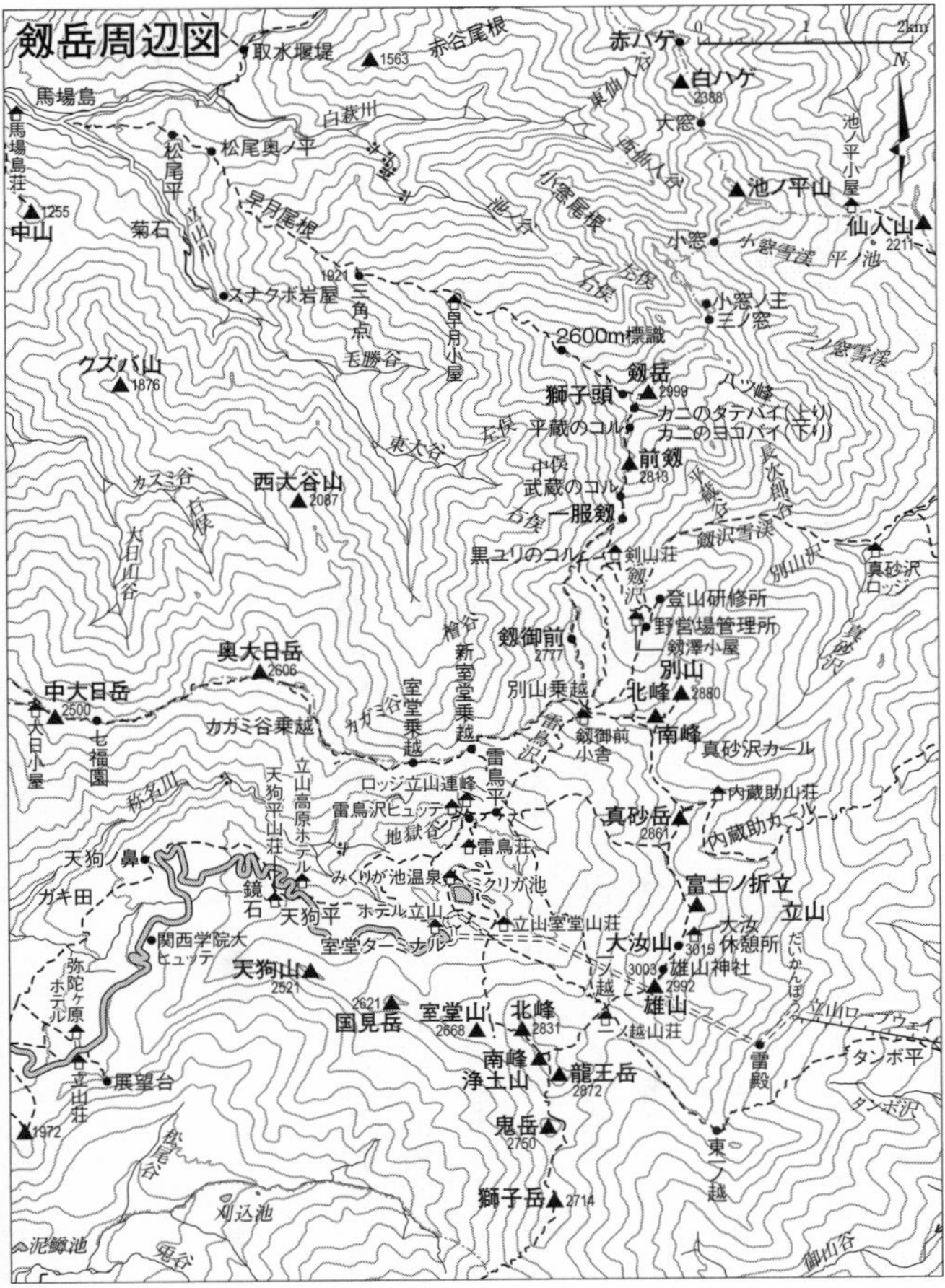

取水堰堤
1563
赤谷尾根
赤ハゲ
0
1
2km
N
白ハゲ
2388
東仙人谷
馬場島
馬場島荘
白萩川
大窓
池ノ平小屋
松尾平
松尾奥ノ平
西仙人谷
池ノ平山
早月尾根
小窓尾根
池ノ谷
1255
中山
菊石
立山川
仙人山
2211
小窓
小窓雪渓
平ノ池
1921
三角点
左俣
右俣
スナクボ岩屋
早月小屋
小窓ノ王
三ノ窓
2600m標識
三ノ窓雪渓
毛勝谷
クズバ山
1876
剱岳
獅子頭
2999
八ツ峰
カニのタテバイ(上り)
左俣
平蔵のコル
カニのヨコバイ(下り)
東大谷
前剱
中俣
2813
長次郎谷
平蔵谷
カスミ谷
西大谷山
2087
武蔵のコル
右俣
右俣
一服剱
剱沢雪渓
大日山谷
黒ユリのコル
剣山荘
別山沢
真砂沢ロッジ
剱沢
登山研修所
野営場管理所
剱澤小屋
真砂沢
剱御前
2777
檜谷
新室堂乗越
奥大日岳
2606
別山
中大日岳
北峰
2880
2500
別山乗越
カガミ谷
大日小屋
七福園
カガミ谷乗越
室堂乗越
雷鳥沢
剱御前小舎
南峰
真砂沢カール
雷鳥平
称名川
天狗平山荘
立山高原ホテル
ロッジ立山連峰
雷鳥沢ヒュッテ
内蔵助山荘
真砂岳
地獄谷
2861
内蔵助カール
雷鳥荘
天狗ノ鼻
みくりが池温泉
ミクリガ池
富士ノ折立
立山
鏡石
天狗平
ガキ田
ホテル立山
立山室堂山荘
大汝
室堂ターミナル
大汝山
休憩所
関西学院大ヒュッテ
3015
3003
雄山神社
だいかんぼう
天狗山
弥陀ケ原ホテル
2521
一ノ越
2992
雄山
2621
室堂山
北峰
立山ロープウェイ
国見岳
2668
2831
一ノ越山荘
雷殿
タンボ平
南峰
立山荘
展望台
浄土山
龍王岳
2872
タンボ沢
1972
鬼岳
2750
東一ノ越
松尾谷
獅子岳
2714
刈込池
泥鰌池
鬼谷
御山谷

剱岳周辺図

はじめに
平坦な男たち

伊藤泰充（富山県警察本部長）

室堂は不思議なところである。立山曼荼羅では針山地獄として描かれる剱岳の登山口であり、本格的に装備した登山者がいる一方で、ミクリガ池周辺を散策する夏服姿の若い男女や杖をついた老人、その中間ともいえる、雄山でも登ろうかという軽装備の家族連れが集う。立派で清潔なリゾートホテルがあり、多くの外国人観光客も訪れる。そのなかに身を置くと、観光地でしばしば無意識に抱くあの感覚、施設や人の手によって守られているような感覚にとらわれる。天気に恵まれれば立山三山に手が届きそうだ。だが、簡単ではない。いわんや剱岳をや、である。北アルプスの峰々は無数の遭難事故の現場となり、多くの命を呑み込んできた。

平成二十七年、富山県警察山岳警備隊が発足して五十周年を迎えた。その間隊員は、四〇〇〇件を超える遭難事故に出動し、幾多の遭難者を救出した。平成二十八年四月一日現在、隊員は二十八名で、年齢層は二十代前半から五十代後半にわたり、約七割を県外出身者が占める。山に魅せられ、山の厳しさを知る男たちだ。

彼らと相対していると、彼らが一様に一種独特の雰囲気をまとっていることに気づかされる。それは、「平坦」である。控え目で静かに語り、穏やかに微笑をたたえている。山男を平坦と呼ぶのはいささか戸惑いを覚えるが、古参の隊員ほど平坦に感じる。山に阻まれかろうじて生を残した者、かなわず去った人に接するごとに、自ら生死の境に立つごとに、山の圧倒的な存在にはね返されるごとに、人間の無力さと命のはかなさを思い知らされ、感情の起伏がならされてゆくのだろうか。山男は、山に登れば登るほど平らになるのである。

登山は、天と地、その間の空《くう》、そして登山者自身から成る。天、地、空の状況や登山者自身の力量、体調により装備が軽重したり、歩行時間が長短したり、人が生きたり死んだりする。平坦な男たちは、天候、気温、風速などの気象の状況を読み、積雪、浮石、道しるべなどの登山道の状態を確かめ、登山者に装備や経験を尋ねる。彼らは自らの知識と経験を総動員して登山指導に当たり、遭難事故と対峙してきた。

山に入ってはいけない悪条件で救助に向かわなければならないときもある。身一つを運ぶのも困難で危険な、胸を突く斜面や不安定な足場で背負い搬送をしなければならないときもある。彼らはそのときに備え訓練を重ねる。その中身を私のような素人山歩き愛好家に過ぎない者が軽々に語ることはできない。ただ言えるのは、日本一と称される山岳遭難救助集団がそのように称されるだけの訓練をしているということである。

先日発生の遭難事故は、吹雪のなかでの救助活動となった。彼らは凛《りん》として出発し、自分の足元すら目視困難な道を現場に向かってひたすら進んだ。そして、雪のついた岩場とアイスバーンの斜面を、強風に煽られ、幾度となくルートを修正しながら、一〇〇キロ近い巨躯を背負って歩いた。彼らの姿を思い浮かべるとき、胸が熱くなるのを抑えられない。こういうことを彼らは何度もやってきた。それが富山県警察山岳警備隊である。

空が明るくなってきた。本部長室の窓から東を望むと、剱岳と立山三山を中心に北は毛勝三山から南は薬師岳まで、立山連峰がその美しい稜線を空に描いている。そのどこかを今日も彼らは歩いている。

夏山救助訓練を終え、剱沢から室堂へ向かう隊員たち

平成二十八年ゴールデンウィーク常駐日誌

四月二十九日（金）

■室堂警備派出所

連休初日、各署から応援隊員が入山し、警備体制を整える予定だが、あいにくの雪模様。室堂では気温マイナス七度、二〇センチの新雪があり、積雪は四七〇センチとなった。例年より積雪は少ないものの、まだまだ厳しい気候が続く。

入山隊員は、立山有料道路に雨量規制がかかったことから遅れての入山となる。その後も悪天候のため、剱御前小舎の臨時警備派出所へ移動予定の隊員も室堂泊とする。予定外の宿泊に、立山センターは大わらわ。

こんな天気でも登山者は続々と入山してくる。不幸な事故に至らないことを願う（野中雄平）。

四月三十日（土）

■室堂警備派出所

朝から天候がよく、土曜日ということもあって登山者、スキーヤー、スノーボーダーが多い。

■室堂警備派出所

午前十一時過ぎ、一件目の遭難事故の通報が入り、その後立て続けに二件目、三件目と遭難が発生する。隊員総出で対応していたところ、今度は富士ノ折立付近で道迷い遭難が発生との通報が入る。剱御前小舎から隊員四名が出動し、室堂からも野中、小高、谷本、大瀧が先の救助活動を終えたのちに出動する。

現場付近に向かって登高中、さらに雄山山頂で行動不能の遭難が発生。稜線に出ると暴風雪で視界は数メートル、遭難者の現状を想像すると大きな不安を覚える。捜索を続けながら進むも手掛かりはなく、日没を過ぎてから内蔵助山荘にたどり着いて天候回復まで待機態勢に入る（谷本悠基）。

■剱御前小舎臨時警備派出所

朝一番で室堂を出発し、剱御前小舎へ移動する。昨日までの悪天候から一変し、朝から快晴となる。登山者、スキーヤー、スノーボーダーらが、待ちきれずに各方面へ行列を成して動いている。

しかし、午後から急に天候が崩れ、富士ノ折立付近で道迷い遭難が発生。宮田、牧野、若木と私の四人が剱御前小舎から出動する。しかし、ホワイトアウトと烈風(風速二〇メートル以上)により、前進するだけでも必死である。そうしているうちに、今度は雄山の山頂で登山者が行動不能になったとの通報。遭難が重なる。私たちが転進して雄山に向かうも、日没を過ぎて天候はさらに悪化し、自分たちの足元も見えなくなり、無念の撤退。二重遭難だけは絶対に起こせない。大汝休憩所に命からがら逃げ込み、天候の回復をじっと待つ(石川 仁)。

■馬場島警備派出所

今年の馬場島はまったく雪がない。今冬の降雪量は過去にないほど少なく、標高の高いところでもまた然り。桜も散ってしまい、初夏の様相である。入山者を多く予想していたが、目の前の駐車場にはスペースがたくさん空いている。今日は天候が午後から崩れる予報。ふだんの馬場島は風がほとんど吹いていないが、今日は木々を揺らすほどに吹いている。空もどんより暗くなってきた。

何事もなく一日を終え、ゆっくりくつろいでいると、電話がけたたましく鳴り響いた。室堂周辺で多重遭難が発生し、人員が足りないとのことで馬場島に応援要請がかかる。時刻はすでに午後七時半。馬場島の隊員にまで呼び出しがかかるとは、ただごとではない。急いで準備をして室堂へ向かった（町田和彦）。

五月一日（日）

■室堂警備派出所

馬場島勤務の金山、町田が室堂へ到着したのは、昨日の午後十一時ごろ。外の風は弱まっているようだが、稜線では強風が吹き荒れていることが容易に予想がつく。すぐに室堂勤務員と事案の概要や今後の方針を確認したのち、視界約一〇メートルのなかを出動。山田、香川、町田、高橋の四名で向かうも、夜間行動や天候などを勘案して一度派出所にもどる。

二時間ほどの仮眠を取った午前四時、仕切り直して再出動。一ノ越での風速は二〇メートルほどだろうか。そのなか、意を決して雄山山頂へ向かう。雪と風が容赦なく体を叩き、突風が吹くと体がふらつくほどだ。

午前八時五十分、大汝休憩所から向かっていた宮田班が遭難者と合流したとの連絡。低体温症の処置を施したとのことでひと安心だが、この天候では自力で下山してもらわなければならない。四時間かけてようやく遭難者を一ノ越山荘に収容する。いつも快く受け入れてくれる山小屋の方には頭が下がる（町田和彦）。

五月二日（月）

■剱御前小舎臨時警備派出所

晴天。四月三十日からの行方不明者の捜索で、朝から県消防防災ヘリ「とやま」がフライトし、富士ノ折立直下で遭難者二名を発見。防災航空隊員に続き、松井、中村が現場に投入される。遭難者はすでに両名とも心肺停止状態。現場にはツエルトや食料などが散乱しており、遭難者が荒天と闘った様子がうかがえた。見つけてあげられなかった悔しさが、じわりと胸に滲む。

収容後、室堂で降機し、剱御前小舎までとぼとぼ歩く。暑い。到着後ほどなくして、現場に出ていた宮田班も帰着。午後の事案に備えつつ、全員で今回の出動を検討する。満点の回答などあるはずないが、そこに向かう努力を忘れてはならないだろう（中村直弘）。

五月三日（火）

■剱御前小舎臨時警備派出所

今日は室堂警備派出所と剱御前小舎臨時警備派出所の常駐隊員の入れ替え日。入れ替えの入山に合わせ、四月三十日に夜間出動した際に、雷鳥沢から真砂岳に至る大走りルートに立てたミッチェルポール一〇〇本以上の回収作業を実施する。

天候が崩れる予報なので、素早く回収したいところだが、稜線上部ではすでに強風が吹き荒れていた。耐風姿勢をとって突風をやり過ごすが、身長以上に長く作ってあるドカ雪用のミッチェルポールの束と、六日間の生活用具や警備用の装備が入った大型ザックを背負っているため、なかなか歩が進まず、結局剱御前小舎まで四時間もかかってしまった（小高浩明）。

■室堂警備派出所

山岳警備隊の活動には、遭難救助と並ぶ重要な活動がある。それは遭難防止活動である。悲惨な山岳遭難を一件でも減らせるように、安全登山についてアドバイスをしたり、山小屋へ出向いて講話をしたりしている。

今日は室堂の山小屋で講話をすることになり、連休中ということもあって約五十人が集まってくれた。主に山岳警備隊の活動紹介と登山中の注意事項などを話すのだが、やはりいちばん熱心に聞いてもらえるのが、実際に起きた遭難事故の話である。

そのなかには、当然、無事に救助できた事案もあれば、残念ながらそうでなかった事案もある。遭難事故となった以上、なんらかのミスがあったと思うが、単純にわかるものばかりではない。登山者には事故の悲惨さを知ってもらい、「遭難事故を起こさない」という強い意志を持って山に来てほしいと思う（若木　徹）。

五月四日（水）

■室堂警備派出所
今日は応援隊員（兼務隊員）の入れ替え日である。後半勤務の隊員が朝一番で上山し、昼間の室堂警備派出所は一時的にではあるが多くの隊員でごった返す。全隊員の半数以上が室堂に集結する様は、さしずめ「山岳警備隊員大集合」といった感があり、人口密度は高いが心強い。まあ、こんなときには意外と事故発生はないのだが……。

今日から連休後半にかけて、大手テレビ局の取材が入る。われわれの活動がメディアで取り上げられることで、少しでも遭難事故抑止に繋がれば非常に嬉しいのだが、いかんせんいまだに慣れないカメラ攻勢に四苦八苦。一挙手一投足に常時向けられるカメラレンズをさり気なく回避しつつ、意外と取材慣れしている後輩隊員たちの姿を見て頼もしく感じる。遭難のない平和な一日であった（松井貴充）。

五月五日（木）

■室堂警備派出所

今日は天気がいまいち優れず、視界も利かない。パトロールに出た隊員も予定のコースを変更し、登山者らに無理のない行動を呼びかけるなど、登山指導を重点的に行なう。

派出所に待機している若い隊員は、マネキンを使った心肺蘇生トレーニングに励んだり、救助用ストレッチャーの使い方を復習したり、ロープワークに精を出したりと、技術・知識の鍛錬に余念がない。ヤル気に満ち溢れた隊員を見ると、微笑ましくも頼もしく感じる。

夕方、室堂ターミナルで手首をケガした人がいるとの届出を受け、ドクターとともに出動して応急処置を施す（石川 仁）。

五月六日（金）

■室堂警備派出所

積雪期に遭難者を迅速かつ安全に搬送する手段として、スノーボートでの搬送がある。雪さえあれば多少傾斜の強い斜面でもロープで確保しながら遭難者を上げ下ろしすることができる、重要な搬送方法である。

正午過ぎ、室堂近くの浄土沢上部でスキーヤーが転倒し、膝を捻り自力歩行不能との連絡があった。早速スノーボートを持って現場へ向かう。現場に到着したところ、遭難者は意識こそしっかりしているものの、膝に力が入らず自力歩行できないため、スノーボートでの搬送となった。遭難者をスノーボートに固定し、上部で確保しながら下降を開始、さらには斜面を登り返して室堂に到着。出動から約一時間で救急車に引き継ぐことができた。スノーボートのおかげで迅速かつ安全に遭難者を搬送できた事故であった（若木　徹）。

■剱御前小舎臨時警備派出所

今朝は晴れているが、午後から天気が崩れる予報。四月三十日のような事故が起こらないように登山指導に励む。

チェーンアイゼンの韓国人男性二人組に声を掛け、片言の英語で装備の不備を指導するとともに、立山方向のルート状況を説明し、引き返す理解を得てひと安心。しかし、しばらくして彼方を先へ進む彼らを発見。急ぎ準備して追いかける。三十分後、真砂岳付近で追いついて再度指導、少々声を荒げてしまう。最後は「ソーリー」と言って下りていった。

最近の室堂は国際化が進み、ほんとうに多くの外国人を見かける。国によって考え方などに多少の違いはあるが、私たちができることは真摯に安全登山を訴えることだろう。ただ、言葉の壁はなかなか厄介だが……（野中雄平）。

今日の日中は天候が比較的いいという予報であり、香川、谷本の両名で剱岳別山尾根のパトロールへ。午前五時半に剱御前小舎を出発し、途中からロープを出してコンティニュアスで進む。今年は例年より積雪が少なく、前剱手前の広い斜面もリッジ沿いにハイマツが出ていて、問題なく通過する。

午前九時半ごろ、剱岳頂上に到着する。午後から天候が下り坂との予報どおり、すでにうっすらと雲が広がりはじめているので早々に下山を開始。下りは平蔵谷を通ったが、下部の源次郎尾根側壁が一部崩壊し、谷底に岩が散らばっていたので、上部に注意しながら通過する。平蔵谷の出合からは黙々と剱沢を登り、午後一時半ごろ派出所にもどる（谷本悠基）。

五月七日（土）

■室堂警備派出所

連休警備も残すところあと二日。朝のミーティングで行事予定を確認、派出所勤務員の動きを調整する。現在の室堂勤務員は九名。若手隊員がやや目立つが、磐石の警備体制である。ただ、本日をもって十全山岳会の診療チームが下山となる。連休中、長期間駐在していただいた同会会長、黒部市民病院の田邉先生に改めてお礼の挨拶をする。先生方の存在はわれわれの活動の大きな支えとなっており、山岳医療に懸ける献身的な姿勢にはいつも頭が下がる。

今日も引き続き天候不順のため、午前中は所内で自主訓練を行なう。そのなかで体力トレーニング（ハードなインターバル・トレーニング）も実施。若手に混じり気を吐く大江先輩の姿に一同感銘を受ける。

午後になって道迷い遭難の一報が入る。ひととおり聴取を終え、遭難場所を予測し捜索に入るが、手掛かりはつかめない。どうやら視界不良により、下山路とはまったく別の方向へ下降してしまったようだ。その後、剱御前小舎の隊員も応援に加わり、首尾よく遭難者のものと思われる足跡を発見。大江分隊長、小竹、若木と私の四名で新室堂乗越から立山川へ向けて、標高差六〇〇メートルを約十分で下降、日没ギリギリのタイミングで遭難者と合流することができた。

その後、遭難者に付き添い室堂まで戻る。午後十時二十分、派出所着。食事も摂らず待っていてくれた絹ちゃんはじめセンターの方々からお迎えを受け、遅い夕食を皆でいただく。ホッとしたのもつかの間、馬場島では新たな行方不明事案の取り扱いがあるようだ（松井貴充）。

五月八日（日）

■馬場島警備派出所

前日認知した行方不明者捜索のため、工藤とともに午前五時三十分出動し、小曽谷へ向かう。林道から藪尾根を三十分ほど登ったところで遭難者を発見するが、残念ながら心肺停止状態であった。手早く搬送準備を整え、安全に配慮しつつ下降を開始する。途中、黒川分隊長、若木、大瀧、柳本も合流し、午前九時すぎに林道までの搬送を終了した。

行方不明者が死亡した事案では、必ず大なり小なり後悔が残る。「たられば」を議論してもしょうがないが、次の事案に生かせるような教訓をひとつでも残したいものだ（中村直弘）。

■剱御前小舎臨時警備派出所

大型連休の終わりとともに今日で応援警備も終了。今後に備えて剱御前小舎に預ける装備や食料を確認し、いよいよ下山開始。雷鳥沢を快適にスキーで滑り降り、室堂警備派出所に到着。着くや否や、富士ノ折立で遭難者の遺留品らしきものが雪の中から出てきているとの通報を受ける。すぐさま町田隊員と出動。雄山を経由し、現場に到着。シュラフやレスキューシートを発見し、雪を掘り返す。猛吹雪のなか、遭難者が必死に生き延びようとしていたことがうかがえ、胸が痛む。丁重に回収し、室堂警備派出所に帰所。

昨日まで十五人いた隊員もすでに下山しており、今晩は常駐隊員三人のみ。久々に室堂にもどってきたわれわれを、立山センターの絹子さんが「ご飯の前に風呂入られ～」と温かく迎えてくれた。六日ぶりの風呂に入り、おいしい夕ご飯をいただく(小髙浩明)。

■室堂警備派出所

馬場島での行方不明事案応援のため、ひと足先に下山する黒川分隊長、若木、柳本の三名を早朝に見送り、連休警備最終日の勤務に就く。

今日は今まで続いた悪天が嘘のような快晴、積雪は四メートル、絶好の春山登山日和となる。剱御前小舎臨時警備派出所は本日をもって閉所となり、隊員も室堂にもどる予定だ。出動がなければ室堂の応援隊員も午後には下山することとなる。

午前九時三十分、視察と激励のため、伊藤警察本部長、檜谷地域課長の一行が来所。本部長に小藥分隊長と私が随行し、周辺の山小屋で勤務する民間協力隊員への激励と遭難現場視察のため雄山方面へ向かう。無風快晴の雄山頂上で昼食をとり、下山の途につく。

日中の室堂では、体調不良者の簡単な初動対応があったそうだが、それもほぼ片づいていた。われわれが帰所したときには剱御前小舎からの隊員もすでに到着しており、下山を待つ隊員の表情には充実感と達成感が溢れている。

連休警備期間中、なにより隊員が安全に活動できたことに安堵する。引き続き室堂勤務となる野中小隊長、小高分隊長、町田隊員にあとを託し、私も応援隊員とともに下山する（松井貴充）。

第1章　山岳警備隊訓練の洗礼

衝撃的だった初めての訓練

金山康成——入善警察署　一九六三年、富山県出身

新人のころの思い出

山岳部に在籍していた高校を卒業して警察官になり、昭和五十八年、希望がかなって山岳警備隊員を拝命した。以来、もう三十年以上が経つ。隊員が配置されている警察署は、黒部警察署以外はすべて勤務経験があり、常駐隊員も二回、トータルで十年ほど務めてきた。

新人隊員だったころ、訓練は厳しかったが、その反面、楽しいこともたくさんあった。先輩たちばかりではなく、山小屋のご主人や山岳ガイドなど、いろいろな人たちとの交流があり、ずいぶんと可愛がってもらった。高卒で社会に出たので、そういう人たちのなかにいること自体が楽しく、私の視野も人間関係も広くなっていた。

入隊して間もないころの事案でよく覚えているのは、三、四人のパーティが池ノ谷のゴルジュを下降していくときに、最後の大滝を残してハーケンをすべて使い切ってしまい、手前の滝壺の中州に取り残されたという事故である。

当時はまだ県警ヘリがなかったので、現場へは民間ヘリで向かった。上空から捜索しているときに先輩が遭難パーティを発見したのだが、「あそこにおるぞ」と言われても、私にはどこがどこやら全然わからなかった。

われわれはゴルジュの上流のほうでヘリから降ろされ、藪を漕ぎ、側壁をへつりながら沢を下っていった。先輩は上空から見ただけで、どうやって現場へ行くかすぐに判断したようだったが、私はただあとをついていくだけで、どこをどう行っているのかまったくわからなかった。下りていく途中で落石があり、ある先輩が落ちてきた石を足で蹴り飛ばしたのを見たときには、「警備隊にはすごい先輩がおるなあ」と感嘆したものだった。

結局、その日は現場まで行き着けず、途中で日没となってしまったので、岩棚にフィックスロープを張ってビレイをとり、着の身着のままでビバークした。そのとき私はたまたま安いウイスキーのポケット瓶をザックにしのばせていた。先輩が

「酒がなくて寂しいのー」と言ったので、ポケット瓶を差し出したらたいそう喜ばれた。

翌日、再び藪を漕いでいき、先輩が「たぶんこの下にいるはずや」と言った場所からロープを垂らして下を覗き込んだら、まさしくそこに遭難パーティがいた。彼らは、ひと雨降れば流されてしまうようなギリギリの中州にテントを張っていた。

先輩が滝の下に降ろすか登り返すかを協議した結果、登り返して救助することになり、ルート工作をしながら下りてきたところを引き返していった。遭難者はケガを負っているわけではなかったが、自力では登り返すことができないぐらい体力を消耗していた。気合を入れながら、上から引っ張り上げるようにして上がらせているときに、私が「がんばらんかい」と言ったら、遭難者のひとりが「なに、生意気な」というような目でちらっとこちらを見た。歳は私と同じぐらいに見えたが、山岳警備隊員とはいえまだ二十歳そこそこの若造に言われ、気に食わなかったのだろう。

ゴルジュを抜けてからの記憶はないが、たぶんヘリでピックアップしたはずだ。これは私が初めて体験した大きな現場だったので、とくに強く印象に残っている。

古きよき時代

当時は、とにかくまわりの先輩が豪快だった。現場でも平常の生活でも遊びにしても、みんながみんな個性的でインパクトが強く、その破天荒ぶりもすごかった。どれぐらい破天荒だったかは、いろいろ差し障りがあるので触れないが、今振り返れば「古きよき時代だったなあ」と思わずにはいられない。

剱沢に詰めて警備に当たっているときは、夜ごと、みんなで酒を酌み交わした。夜遅くまで飲んでいるときに事故の通報が入ってくることもあったが、事故発生となるとたんにスイッチが切り替わった。別に控えて飲んでいるわけでもないのだが、その切り替えはみごとなまでに早かった。「よし、あれとあれとあれを準備しておけ」と指示を受け、資器材をそろえて「準備できました」と言うと、「んなら行くか」と出動していった。

もっとも、たまには失敗もあって、派出所の玄関を出るなり、現場とは逆の方向に走り出していった隊員もいた。私も遭難者を背負って搬送したときに、ケガの苦痛からぎゅーっとしがみつかれて首を絞められ、苦しくなってほかの隊員に交代してもらったとたん、胃のなかのものをゲーッともどしてしまった経験がある。

昔だから許されたのだろうが、事故を処理して朝方、剱沢に帰ってきて、「またやるか」といって前夜の続きを始めたこともあった。とにかくみんなタフだった。それだけ余力があったのだろう。

ただ、山岳警備隊員が全員呑んべえかというとそういうわけでもなく、歴代の隊長のなかには飲めない人、ほとんど飲まない人もいる。そのあたりはほんとうに両極端だった。飲めない隊長は、酒を飲んで騒いでいるわれわれのことを「こいつら、酔っ払ってなにを言っているんだ」と、冷静な目で見ていたのだろう。

なにを隠そう、現隊長の高瀬さんも下戸であるが、酒も飲まないのにけっこう無茶なことを言い出す人である。たとえば、まだ隊長になる前、訓練のメンバー構成を采配できる中堅の立場だったとき、三月の雪山訓練を控え、ニコニコしながら「俺の班はテントを持たずに全部雪洞で行くぞ」と囁《ささや》いたことが何度かあった。

簡単に雪洞と言うが、なにしろ日本海側の三月の雪なので、積もるとかちんこちんに固まって、登山用の軽いスコップではとても歯が立たない。そこで平場で使う普通のごっついスコップをひとり一丁持っていくことになるのだが、これがテントより重いので、たまったものではない。

訓練中は「雪洞が掘れるところまで行かなくちゃ」というプレッシャーがあり、常に雪洞を掘れる場所を探しながら歩いていた。昼過ぎに見切りをつけて大きな雪洞を掘ったこともあれば、夜遅くなって急ごしらえの雪洞を掘ったこともある。掘っていったら木の枝が出てきて「こりゃあダメだ」と言って、ほかの場所で掘り直したこともあった。テントにすれば、そんな苦労をしなくてすむのに、われわれからすれば、「いったいなにを考えてるんだろう」という感じだった。

立山一周早駆け訓練

毎年秋、雑穀谷という岩登りのゲレンデで、主に岩場での救助を想定した秋山訓練合宿が行なわれるのだが、ある年、その総仕上げに早駆け訓練が組まれたことがあった。前の年に幹部が同じような計画を練っていたのだが、悪天候で流れたので「あー、よかった」と思っていたら、翌年に実行されてしまった。

この訓練は、称名滝の駐車場をスタートして大日岳に登り、剱御前から立山を縦走して室堂に下り、弥陀ヶ原から八郎坂を下りて称名滝にもどってくるという周回コースを、三人一チームとなって早さを競うというものであった。

このときにチームを組んだのが、同級生の佐伯栄祥と高瀬さんだった。谷口さん、椙田さん、日下さん、土井さんといった隊の大御所は、それぞれの班に番号を振って、「二一五が来るかな」などと言いながら、どのチームが早いか予想をしはじめた。「優勝者には寿司屋の寿司券を進呈する」と言われたが、よっぽど「そんなもんいらんから、こんな訓練はやめてくれ」と言いたかった。

「装備は自由や。ひとっ走りしてこい」

そう言われ、用意ドンで称名滝の駐車場をスタートしたのだが、天気はあいにくの雨で、大日平のあたりまで来ると雨がみぞれに変わり、それが稜線では雪となった。われわれは軽量化を図るため、行動食ぐらいしか持っておらず、靴もジョギングシューズのようなものを履いていたから、全身濡れるがままである。完全に無謀登山だった。

ちらちらと雪が舞う登山道を駆け抜けていき、先行している先輩隊員のチームに追いつくたびに、高瀬さんは「そんな慌てんと、一服してからでも大丈夫だよ」「お昼食べんのかい」「休憩しないのかい」などと囁いて牽制した。われわれが遅れ出すと、うしろから喋りっぱなしでついてきていた大御所から「どや、どや」と突つかれ、気合を入れられた。

雄山からの下りや一ノ越からの階段は、雪が積もっていたから、走り出すともう止められない。当時はまだ若かったので、勢いがついたまま走っていき、方向転換するときは石に足裏をぶつけて、その衝撃で反対側に方向転換し、また走っていった。

そうやって抜きつ抜かれつしながら進んでいったのだが、アルペンルートの七曲りのバス道路のあたりでヘロヘロになり、「高瀬さん、頼む。ちょっと休ませてくれ」と言って路肩に腰を掛けた。するといつの間にか寝てしまっていて、高瀬さんにぽんぽんと肩を叩かれて「お前、なに寝とるんだ」と言われ、はっと我に返って再び走り出した。バス道路を走っているときには、通りかかったバスの運転手もおもしろがって、「ほら、すぐうしろに来とるぞ」「もうちょっとやぞ」などと茶化してきた。

やっとのことでゴールしてみると、われわれが一番だった。タイムは八時間ちょっと。寿司券をもらったのかどうかは覚えていない。

レースが終わったあと、幹部連中が「来年はどのコースでやろうか」と話しているのを聞いて、「マジか?」と思った。幸い、レースが行なわれたのはこの一回のみだったが、今になってみれば懐かしい思い出である。

すべてが綿密かつ慎重になった今

今と昔を比べると、訓練内容はまったく違ってきている。昔はかなりアバウトな、ドンブリ勘定的な訓練が多かった。

たとえば訓練で池ノ谷に登ろうとしたとき、谷口さんは突然「ガスコンロでも持っていけばどう?」と言い出した。ガスコンロといっても、登山用の小さなものではなく、プロパンガスのことだ。数十キロのボンベと重い五徳を担がなければならないのは、もちろんわれわれである。自分の装備にそれがプラスされるのだから、「勘弁してくれ」と言いたくもなる。

食料にしても、軽量化のために削るという感覚はなく、背負えるだけ持っていった。昔は地元に立山畜産という精肉業者があったので、肉をキロ単位で購入して真空パックにしてもらい、それを担いでいって雪渓のなかに埋めて保存した。

あれこれ思い返してみると、今さらながらアバウトだったなあと思う。その代わり、どんな滅茶苦茶な料理をつくっても、「あー、美味かった」と食べていただけた。それもまたアバウトさのひとつだったかもしれないが、そういうことも含めて大変だったけど楽しかったことは否定しない。

当時と比べ、今はすべてが綿密かつ慎重になった。食料計画ひとつとっても、計算し尽くされている。とくに今は、軽量化はスピード化のための一手段と考えられるようになり、装備をいかに軽量化できるかということに心が砕かれる。私はそれとはまったくの反対路線で、万一のことを考えて予備食などをしのばせていくのだが、それをリーダーに見つかると「軽量化を前提として計画しているのに、なんでそれに従わんか」と怒られる。

また、安全対策も二重三重にとられるようになり、無茶なことは絶対にしなくなった。昔は無茶をすることがすごいという一面もあったが、今はそういう時代ではない。「絶対」が求められるから、賭けもできない。ただ、安全性を確実にするためには、一手間、二手間増やさなければならず、場合によってはそのぶん時間を要することになる。その時間を短縮するためにまた訓練を行なう。それの繰り返しだ。

正直な話、ときに「そこまでせにゃあいけないの？」「もっと早くやってしまえ」と、じれったく思うこともあるが、安全のバックアップをとるのに時間がかかるのは仕方がないことだ。そのへんは私もできるだけ意識を切り替えるようにしている。今の時代には今のやりかたがあり、もうわれわれが口出しするようなこともない。

今の隊員は、現状に危機感を持ちつつ、公的にもプライベートでもよくトレーニングを積み、お互いに切磋琢磨しながら活動していると思う。そうした若い力によって、山岳警備隊がさらに力をつけていくことを願っている。

初めての夏山訓練　池ノ谷を越えろ！

工藤法寛——黒部警察署　一九七七年、茨城県出身

全身痙攣

山登りを始めたのは、ワンダーフォーゲル部に所属していた大学のときからである。卒業後は大学院に二年通ったあと、三年間、山小屋で働いた。最初は蝶ヶ岳ヒュッテ、翌年は燕山荘、最後の一年が剣山荘だった。

剣山荘での仕事が終わり、十一月に蝶ヶ岳ヒュッテ時代の仲間と蝶ヶ岳に登ったときに、たまたま事故現場に出くわした。山小屋に連絡に走ったり、ケガ人を搬送したりと、われわれも多少なりとも救助に協力したのだが、最終的には長野県警の救助隊がヘリでやってきて遭難者をピックアップしていった。そのときに救助隊員が遭難者を担ぎ、ものすごいスピードで登山道を駆け上がっていくのを見て、「カッコイイな。この仕事をやってみたいな」という気持ちが強くなった。

タイミングよく、知り合いが「富山県警が警察官の特別募集をやっているよ」と教えてくれ、受験したら運よく合格し、その翌年に晴れて警備隊員を拝命した。

さて、新人隊員にとって、最も心に残るといわれるのが初めての夏山訓練である。九年前、私もこの夏山訓練を経験した。

山岳警備隊に入隊した二〇〇七年度は、新人隊員は私を含め四人だった。ちょうど四人のベテラン先輩隊員（みな鉄人と呼ばれていた）が除隊された年で、「入れ替わりでお前らが入ってきたんだぞ。わかっとろうのう？」と脅されながら、健気にも必死に先輩方についていこうとしていた。

ゴールデンウィークの室堂警備、春山ミニ訓練など、右も左もよくわからないまま「初」がつく仕事を経験し、いよいよ夏山訓練に臨むことになった。

この夏山訓練については、先に入隊した先輩から、「血便が出た」「空が赤く見えた」など、散々ビビる話を聞かされていた。直前のミーティングのときにも、「絶対にバテるなよ。苦しくても決して潰れるんじゃないぞ！」と気合を入れてもらい、胃が締め付けられるような不安と緊張感のなかで当日を迎えたことを覚えている。

われわれ新人四人は二組に分けられ、私は同期のM隊員とともに池ノ谷入山組となった。

救助のための資器材や共同装備、個人装備などあれやこれやを詰め込んでパンパンになった大型ザック「ガッシャー」をふらつきながら担ぐと、一路、剱沢を目指して出発、一週間にわたる訓練が始まった。ザックの重さは五〇キロ近くあったように思う。

暑さと重さに喘ぎながらも、小窓尾根の取付にある雷岩が近づいてきた。白萩川を渡る風が、ひとときの涼を運んできてくれる。

ところが、対岸へ徒渉する際にM隊員が足を滑らせて水没し、ずぶ濡れになってしまった。それを横目に見ながら、「大丈夫か〜」といちおう言葉をかけたが、心のなかでは「ご愁傷さま、俺じゃなくてよかった〜」などと邪《よこしま》なことを考えていた。しかし、その後の小窓尾根の取付の急登で、今度は私が「全身が痙攣する病」を引き起こしてしまった。

まず最初に攣《つ》ったのは利き足だった。次に踏ん張った反対側の足が攣り、よろけて手をつけばその手が攣り、攣った痛みに身をよじれば今度はひねった脇腹が攣るといった具合に、動かした体のパーツがことごとく攣ってしまったのである。そのあまりの痛みに、ときどき立ち止まってしまうのだが、そうすると先輩に「おー、がんばれー」という怒号の気合が飛んできた。一時間に一回の割合でとる五分ほどの休憩のときには、つい寝てしまって先輩から「寝るなー」と怒られた。

それでも、「絶対に潰れるなよ!」という先輩の言葉を思い出し、這いずるようにしてなんとか初日の幕営地、小窓尾根から池ノ谷に下りてしばらく行ったところにたどり着いた。

そこにテントを二張設営して、新人も先輩も関係なく六、七人に分かれて入った。夜は「工藤の荷物を軽くせんにゃ」ということで担いできた酒を飲み、先輩方は大いに盛り上がっていた。「今日も一日終わってお疲れさん」という感じでわれわれ新人隊員も少しは飲んだが、いつの間にか寝てしまい、気がついたら朝になっていた。

先輩隊員の凄さ

翌朝、「これからは雪渓の急登だぞ」と、「昨日のは準備運動だ」というようなことを先輩に言われ、緊張する手でアイゼンをつけて幕営地を出発した。はるか上部に三ノ窓あたりの空を仰ぎながら、黙々と高度を稼いでいく。といっても、考えていたのは「次の小休止はあと何分後だろう」といったことばかりだったが……。

昨日あれだけテントの中で飲んでいた一部の先輩方は、一夜明けたらもうケロッとしていて（バケモノか?）、力強くグングンとわれわれ新人を引っ張っていく。登りながら、アイゼン・ピッケルワークなどを教わりつつ、ときどきピッケルで叩かれながら、なんとか三ノ窓に到着した。

体が慣れてきたのか、「今日は痙攣が起きないぞ、よかったなァ」などと思っていたら、池ノ谷ガリーへ出るトラバースで、アイゼンについた雪がダンゴになっていることに気がつかず、バランスを崩して滑落してしまった。

幸い、雪が腐っていたため一〇メートルほどで止まったが、先輩方はさぞ肝を冷やしたようで、上から怒号の嵐が降り注いできた。しかし私は「一〇メートル余計に登らにゃならん」程度のことしか考えられず、なにか怒鳴っているなあと思いながら、「すみません、すみません」と繰り返して慌てて斜面を登り返していった。あとから聞いた話では、このときM隊員は「あ〜、これでちょっと休める」と思っていたそうだ。

ところが、それからしばらくして、今度はそのM隊員が歩いているときにザックからテントのポールが落下し、危うく谷に落としそうになった。たまたまうしろを歩いていた先輩がうまくキャッチしてことなきを得たが、乗越に着いたところでわれわれ二人はお叱りを受け、なぜかほぼ全員参加で罰則のスクワットをやらされた。これでめでたく私の痙攣が復活し、その後もいろいろ失敗を繰り返しながら、ようやく剱沢にたどり着いたのだった。

ここまでが前半のハイライトで、後半は派出所付近での雪上訓練、ロープワークの練習、ワンビバーク訓練へと続いていく。入山するまでは体力勝負だが、入山してからはテクニカルな訓練に移行していくわけだ。

ワンビバーク訓練では、二人の先輩に八ツ峰VI峰の二本のルートに連れていってもらった。いずれも半ば引っ張り上げられるような登攀だったが、それまで味わったことのない高度感と、終了点まで登りきったときの達成感は今でも忘れられない。

もうひとつ強く心に残っているのは、その夜、ビバーク食を食べ終え、それぞれがこっそり持ってきたアルコールを三人で分け合いながら、雲海のなかに島のように浮かぶ山々を眺めたことだ。寒空の下、年季の入ったフリースを着て「最高やのぅ」と笑っていた先輩の姿は、ほんものの「山男」だった。

訓練も終わりに近づき、私とM隊員が下山の準備をしていると、ふと班長が「二人とも、体調は大丈夫か？」と尋ねてきた。答えは「はい」か「YES」しか許されないので、「はい、大丈夫です」と答えると、「う～ん、まだ元気そうだな。訓練が足りなかったかな」とひと言。心の中で「滅相も御座いません」とつぶやいた。

訓練最終日、雷鳥沢キャンプ場まで下りてきて、最後の小休止のときに「訓練もこれでようやく終わりだな～」と、この数日間をしみじみ振り返ろうとしていたら、なんだか空気が妙に緊張していることに気がついた。

周囲の若い先輩方が、ここにきて妙な粉を飲んだり（それが当時市販されはじめたアミノバイタルだったことをあとで知った）、念入りにストレッチを始めたりしたのだ。

「なんだなんだ、あともうちょっと登れば終わりなのに、なにが始まるんだ？」と思っていたら、いきなり「GO！」の合図がかかり、先輩方が室堂に向けて走り出していった。これが富山県警山岳警備隊の伝統競技、「室堂ダービー」であった。

なにがなんだかワケのわからないまま、われわれ新人も置いていかれないように必死についていくしかない。汗や涙や涎《よだれ》や鼻水を登山道に撒き散らしながら地獄坂を登り、観光客の冷たい視線を浴びつつ、どうにか室堂警備派出所に駆け込んでゴール! かと思いきや、トドメとばかりに人数×十回のスクワット。これですべてを出し切った訓練が、拍手のなかで終わったのだった。

この訓練を通して見せつけられたのは、先輩隊員の凄さだ。とにかく疲れないし、逆にどんどんイキイキしてくるのである。剱沢での雪上訓練などはいちばん上の大先輩に指導してもらったのだが、雪面を登るスピードが速く、われわれは全然追いつけなかった。山小屋で働いていたときにボッカもしていたので、ついていけないことはないだろうと思っていたが、思い上がりもいいところだった。

ただ、たしかに痛いほど多くの課題が見つかった訓練だったが、同時に大きな自信にもなった。また、先輩方と山のなかでともに活動したことによって、隊の一員としての自分を実感することもできた。

あれから九年が経ったが、あのときの「バケモノのように強い」先輩にはまだまだなれていない。その間にも何人もの新人隊員が入隊してきて、夏山訓練の洗礼を受けてきた。それは今後も続いていくだろう。いつになったらなれるのかわからないが、われわれのあとに続く後輩たちに目標とされるような隊員になれるよう、がんばっていきたいと思う。

忘れられない初訓練

丸山洋太——黒部警察署　一九八五年、新潟県出身

もう歩けない……

山岳警備隊員を拝命したのは、平成二十五年のことである。山岳警備隊を目指して他県から志願してきた私にとっては、待ちに待った瞬間だった。

大学の四年間はフリークライミングにはまっていたが、登山経験はほとんどなかった。ただ、父親が山好きだったので、何度か山に連れていってもらったことはある。あるとき父親といっしょに山を歩いていたら、体調を崩して動けなくなっている人に出くわし、サポートしながら山小屋まで連れていったことがあった。その登山者にとても感謝されたときの感動が忘れられず、漠然と「山岳遭難救助の仕事に就けたらいいな」と思っていた。また、もともと自然のなかで遊ぶことが好きだったし、農学部で森林関係の勉強をしていたこともあって、おのずと山で働ける仕事

に惹かれていったのだろう。

入隊した年の六月、早月尾根から剱岳を目指すルートにおいて、隊員全員が参加してのミニ訓練が行なわれた。私にとっては忘れもしない、初めての訓練である。六月十七日の訓練初日。馬場島派出所にて、ミーティングや私たち新人隊員のパッキング確認などをして、明日からの登山に備えた。これまでまともに登山をしてこなかった私にはパッキングすら難しく、ほかの新人隊員のようにザックがすっきり整わずボコボコになってしまい、先輩方にアドバイスをもらいながら何度もやり直した。

食事の準備は、もちろん新人や若手隊員の仕事である。二十五人以上の食事を一度に準備するので、仕込みも大量になって大変だったが、みんなでわいわい料理をするのは楽しいひとときであった。

その夜は、明日から本格的に始まる訓練への不安で眠れないかと思っていたが、いつの間にかぐっすりと寝入っていた。

六月十八日、訓練二日目は朝六時に馬場島を出発した。「まずは足慣らし」と言われて歩き出したが、ザックを担いだ次の瞬間から息がハーハーと上がりはじめた。

重さは四〇キロ前後だっただろうか。「こんな重いものを担いで歩くのか」と、愕然としたことを今でも思い出す。

しかし、しばらく歩けば人は慣れるもの。歩いているうちに「これはなんとかなるんじゃないのか」と思いはじめ、少しだけペースを速めて先輩たちについていった。ある先輩からは「ちょっとペースが速いんじゃないの」と言われたが、「大丈夫です」と答えた。

あとから考えれば、このときはおそらくまわりの先輩方がペースを落としめにしてくれていたのだと思う。その気遣いがわからず、調子に乗って突っ走ってしまった。「ヤバイ、失敗した」と気づいたのは、もうちょっと経ってからのことである。

しばらくいいペースで歩いて一回目の休憩を終えたあと、尾根上の道は松尾平を越えて、徐々に傾斜がきつくなってきた。最初のうちはなんとか全体のペースについていったが、だんだんと息が切れてきて、足も上がらなくなってきた。

それでも「離されてはなるまい」と追いすがるうちに、今度は足が攣りはじめた。最初は片足ずつだったが、間もなくすると両足が同時に攣るようになってしまった。こんな経験は初めてである。一歩歩くごとに足の筋肉がピクピクと痙攣し、口からは「あーっ」「うー」という苦痛の呻き声が漏れた。何度、「もう歩けない」と思ったことか。

「最初にもうちょっとゆっくり歩いていれば、また違ったんじゃないか」と後悔しても、あとの祭りである。

ようやく早月小屋が見えてきて道が平坦になったときは、心の底から「ああ助かった」と思った。最後はもうほぼ這いずっているようなありさまで、先輩たちからは「おじいちゃんみたいな歩き方や」「下から奇声が聞こえてきたので、なんだ？と思った」などと笑われた。このときは同期が四人ほどいて、ほかの者は担げていたし歩けていたので、なおさら「負けた」感を覚えて非常に悔しかった。

到着後はテントを設営して荷物を整理し、食事の準備をした。食事が終わって後片づけをすませれば、あとは寝るだけである。シュラフのなかであれほど気持ちよく爆睡できたのは、あとにも先にもこのときだけだ。

先輩隊員の背中を追いかけて

六月十九日の訓練三日目は、剱岳を越えて剱沢に入る予定であった。しかし、前日の私の不甲斐なさから「剱を越えるのは無理そうだ」と判断され、早月尾根を引き返して馬場島に下り、室堂経由で剱沢に向かうことになった。

そのせいで油断もあったのだろう、大きな段差をバックステップで下っているときに、ザックの重さに体が引っ張られ、バックドロップのような状態で段差から落下してしまった。幸いなことに、落ちた原因でもあるザックがクッションとなり、傷ひとつ負わずにすんだが、あの「あっ！」と思った瞬間は今でも忘れられない。

馬場島まで下山したのちは車で室堂に向かい（その車中でも私は爆睡していた）、雷鳥平まで下って幕営した。この二日間だけでもいろいろな体験をして、「山とはこういうところか」と、登山の洗礼を受けたような気がする。

六月二十日、訓練四日目は雷鳥沢から剱沢へと向かった。早月尾根を登って体が山に慣れたせいだろう、辛いことは辛かったが、二日目のように足が攣ることもなく、別山北尾根経由で無事、剱沢に到着した。この日は珍しく大きな問題を起こさずにすんだ。それでも歩いているときは、「歩き方が下手だ」「頭を揺らすな」「背中を丸めるな」などと、先輩からの檄がたくさん飛んできていたのだが。

六月二十一日。昨日、剱沢に入ったと思ったら、もう訓練最終日である。剱沢を

夏山救助訓練で、長次郎谷熊ノ岩から上部へ向かう

出発すれば、あとは室堂への道をたどるだけだ。たった五日間のミニ訓練だが、心身ともにヘトヘトになっていた私は、この日が待ち遠しくて仕方なかった。

ただ、頭には一抹の不安がよぎっていた。それは、訓練前に先輩から聞かされていた「室堂ダービー」が開催されるのではないかという不安である。室堂ダービーというのは、雷鳥沢キャンプ場から室堂の立山センターまでの最後の登りを若い隊員が競争するもので、重いザックを背負ったまま、急な階段やら不揃いな石畳やらを駆け抜けていかなければならない。訓練のあとには、たいていこのダービーが開催されるようだが、先輩の気分次第では行なわれないこともあるようだった。

雷鳥坂が近づいてくるにつれ、まわりの先輩たちの様子がだんだんと変わってくるのがわかった。休憩中におもむろに靴紐を締め直す者、着ていたジャケットを脱ぎ出す者……みんなの本気度が伝わってくる。

それから間もなく、「開催されなければいいのに」という願いも虚しく、ダービーが始まった。

その結果は、私と先輩方との力の差をまざまざと見せつけられるものとなった。先輩たちがなんであれほど速く歩けるのか、不思議でならなかった。対して私は、汗と涎にまみれた顔で、幽鬼のごとくフラフラと遊歩道をたどり、室堂観光に来ている人たちをいたずらに怯えさせてしまった。ある先輩は、そんな私の背中を押しながら「倒れないからまだいけるだろう」と言った。それを聞いて「無茶苦茶言うな、この人」と思ったことが、鮮明に思い出される。

この訓練を振り返ってみると、ほんとうに恥ずかしい思い出ばかりである。はじめからこんなに辛い思いをしていて、一年もつのだろうか不安にもなった。今もその不安を感じながら、隊員になって三年目を迎えている。

この三年の間にも、いろいろな失敗をして何度も落ち込んだ。幸い大きなミスはしていないが、細かいミスをなくしていかないと現場には出させてもらえない。ミスをするたびに先輩にも怒られるが、自分が悪いとわかっているので、「悔しい」と思いながらもがんばるしかない。

もちろん嫌になったりすることもたまにある。でも、救助や訓練が終わったあとに感じるのは充実感だ。とくに遭難者を背負い搬送したあとには、やりきった感がある。そのうえ「ありがとうございました」と言われれば、やっぱり嬉しい。自分の努力が言葉になって返ってくる仕事というのは、なかなかないだろう。

先輩たちはたしかに厳しいが、勉強になることもたくさんある。とくに凄いなと思うのは、現場での判断力だ。この先に起こり得ることを予想し、それに対処するための方法を何パターンも考えている。経験値の違いといってしまえばそれまでだが、私もこれからさらに経験を積んでいけば、先輩たちのレベルに達することができるのだろうか。

とにかく今はその背中を追いかけていきながら、心のなかで密かに「いつか認めてもらうまでやってやる」と思っている。

初めてのミニ訓練

丸山康太——入善警察署　一九九三年、群馬県出身

私は山岳警備隊員を志して富山県警察に就職した。高校のときは土木のことを勉強していて、公務員になろうと思っていたが、公務員になってなにをやりたいのか考えたときに具体的な答えが見つからず、今一度考え直してみて「これだ！」と思ったのが山岳警備隊員だった。

遭難事故が起きたときに現場まで駆けつけていき、遭難者を担いで下りてくるといった仕事はほかにあるものではない。そういう仕事があることを知ったときには、鳥肌が立った。しかも、ちょうどいいタイミングで、NHKの「プロフェッショナル　仕事の流儀」で富山県警察山岳警備隊が取り上げられたことも大きかった。録画した番組を何度も見ては「すげーな」と思った。自分がまったく知らない世界なので、よけいにすごく見えた。

その影響もあって、高校三年のときに父親といっしょに剱沢警備派出所まで出か

けていった。アポなしだったが、運よく現職の隊員の方に会って話を聞けた。「なにも警備隊じゃなくても、ほかに仕事はいくらでもあるから」と、あえて突き放されるようなことを言われたのがよかったのだと思う。もし「歓迎します」と言われていたら、志望していなかったかもしれない。

平成二十六年、希望がかなって晴れて山岳警備隊員になれたが、それまで登山の経験はなく、知識・体力・技術・経験そのすべてが皆無に等しかった。そんななかで迎えた初めてのミニ訓練は、思い出したくもないほど辛いものとなった。

とにかくなにもわからない状態だったので、まず準備段階から戸惑ってしまった。訓練のためになにを持っていけばいいのか、イメージすることすらできなかったのだ。いちおう装備リストはあるのだが、それはあくまでリストであり、その他に必要なものは当然個々で判断しなければならなかった。先輩方の親切なアドバイスも消化し切れず、後手後手に回った準備は訓練当日の朝にまで及び、完全に余裕のない状態に陥っていた。

そうして始まった六月十七日から二十一日までの初めての訓練。初日は馬場島まで入り、晴天の下、早月尾根を見上げながらパッキングをした。試しに担いでみたザックの重さに衝撃を覚え、背中に嫌な汗をかいた感覚は今も鮮明に覚えている。早月尾根を、空身で見上げるのとザックを背負って見上げるのとでは、見え方が全然違っていた。「これを担いであそこを登るのか」と考えただけでぞっとした。

翌日は馬場島を出発して早月小屋を目指した。歩き出しから乱れる呼吸。汗が吹き出し、瞬く間に喉が渇く。訓練に行くまではハイドレーションの必要性を感じていなかった。水を飲みたくてもいちいちザックを下ろしていられないので、我慢しなければならず、よけいにバテた。

行動時は、基本的に一時間歩いて十分の休憩をとるのだが、どんどん遅れていくので、休める時間もどんどん短くなってくる。みんなよりも五分遅れれば、休めるのは五分だけ。結果的に自分で自分の首を絞めているわけだが、遅れるのは如何ともしがたい。

なのに休憩時には元気そうに振舞ってしまう。歩いているときはバテて遅れているくせに、ザックを下ろしたら余裕をかましているのだから、先輩の目によく映るはずがない。きっと「なにヘラヘラしているんだ」と思われていたはずだ。

でも、自分にアマいことは自分がいちばんよくわかっていた。山岳警備隊員失格だと思ったが、そうしなければ自分を保てなかった。今まで経験したことのない不安や辛さに押しつぶされてしまいそうだったから、せめて元気そうに見せて誤魔化すしかなかったのだ。

みんなから離されていく私に、先輩からは容赦ない檄が飛んだ。もちろん手を抜いているつもりはない。しかし、初めてのボッカが衝撃的にキツく、心は完全に折れていた。

這うようにしてどうにかたどり着いた早月小屋では、幕営して一夜を過ごしたが、疲労困憊していて、なにもしようとしなかった。まわりの先輩たちの動きも見えず、注意・指導も右から左。わからないならわからないなりに、素直に先輩に聞けばよかったのにそれもせず、内にこもってしまって最低な態度を取っていた。

訓練三日目は、劔岳の本峰を越えて劔沢に入る予定だったが、新人班は馬場島に下山して室堂から入山し直すことになった。荷物を担がせた新人に劔岳を越えさせるのは無理だという判断なのだが、それは自分の不甲斐なさのせいでもある。なのに、この知らせに内心喜んでいる自分がいた。つくづく最低だと思う。

馬場島から室堂に移動してからも、環境が変わっただけで自分自身が変わったわけではない。登山靴の事前チェックを怠ったために穴が空いていたことに気づかず、室堂から歩き出してすぐの雪の上で浸水し、靴の中はあっという間に水浸しになった。小さな登りのたびに、まわりのペースについていけずにあっという間に離された。

訓練最終日、剱沢から剱御前小舎までの一時間程度の登りでも、みんなについていけない。雷鳥坂の下りで、転倒して足首を骨折した遭難者を発見したが、私は救助活動を行なっている先輩たちの姿をただ呆然と見ているだけだった。

救助活動が終わり、先輩たちは足早に室堂を目指す。私は自力歩行もままならず、ザックを支えているのがやっとの状態。そのときの自分は紛れもない遭難者だった。

訓練フィナーレの室堂ダービー、「がんば」「気合い見せろ」という先輩たちの檄は、徐々に荒い言葉に変わり、うしろから怒鳴られながら、ピッケルを杖代わりにして石畳の上を歩いていった。室堂にはぶっちぎりのビリで到着し、初めての訓練は終わった。

このときの自分が最低だったのは、やる気はあったのに体力的についていけずに余裕がなくなり、目先のことだけでいっぱいいっぱいになってしまったことだ。終始消極的で、言われたことさえできなかった。新人なりにいちおうは富山県警察山岳警備隊という肩書きなのに、そんな不甲斐ないありさまでは、その名を口にすることさえ憚られた。遭難者を救助するなんて、恥ずかしくてとても言えたものではなかった。

今の自分は、あのころと比べてどうだろうか。われわれは、「警備隊ゆとり世代」と呼ばれている。話を聞くと、今と昔では訓練の厳しさも全然違うという。技術や知識は今も足りないところだらけで、先輩方の背中はまだまだ遠い。

それでもあのころよりは、少しは成長していると思う。大事なのは、恥を知るということ、そしてそれを超えていくということだ。

先輩たちがいつまでもいてくれるわけではないし、自分たちもいつまでも新人気分ではいられない。助けを求める遭難者のために、また自らの成長のためにも、先輩たちが培ってきた信頼や伝統をしっかり受け継ぎながら、驕らず謙虚にこれからもっともっと強くなっていきたいと思う。

第2章　初めての救助活動

七時間におよぶ夜間の救助劇

木村哲也――入善警察署　一九七七年、東京都出身

平成二十二年七月二十七日、剱沢警備派出所には、大先輩の横山小隊長、金山分隊長、若手の町田隊員、そして隊員になって三年目の私が詰めていた。

いつものように派出所隣の剱沢野営管理所でおいしい夕飯を食べようとしていた矢先の午後五時二十分ごろ、劔澤小屋から遭対無線で「カニのよこばい上部で道迷いのパーティから救助要請あり」の一報を受理した。

遭難者は関東の山岳会所属の四人パーティで、男性A（七十五歳　登山歴五十年　リーダー）、女性B（七十五歳　登山歴二十年）、女性C（六十四歳　登山歴二十年）、女性D（五十八歳　登山歴五年）というメンバー構成であった。

この日、四人は早朝五時半に劔澤小屋を出発、長次郎雪渓を詰めて剱岳に登頂したのだが、別山尾根を下りようとしたときに、カニのよこばい上部付近で道に迷い（下り口がわからなかったらしい）、リーダーが救助要請をしてきたのだった。

概要を聞いて呆れたのは、劔岳山頂に到着したのが午後四時ごろだったことだ。いくらなんでもこれは遅すぎる。あとで聞いたら、長次郎谷を上がるつもりが谷を間違えて登っていってしまい、途中で下りてきたらしい。長次郎谷を登っているときも、メンバーのひとりが滑落するなどすったもんだあって、なんとか山頂にたどり着いたという。

リーダーの男性は、かつては劔岳によく通っていて、あちこちのルートを登ったそうだ。その経験から、体力の低下を自覚せずに昔と同じ感覚でやってきて、「こんなはずではなかった」と気づいたときにはすでに遭難していたということなのだろう。まあ、よくあるパターンである。

通報を受け、夕飯を放棄して慌てて出動準備に取りかかろうとしたら、大先輩二人がこう言った。

「なに慌てとんがよ。長丁場になるから、夕飯いただいてから出動するぞ」

二人の落ち着きぶりに「あ、やっぱり凄いな」と感嘆する。長時間の救助になりそうだから、しっかり食べておかないともたんぞ、という意味で言ったのだろう。

というわけで夕食をしっかりとったのち、準備を整えて午後六時に派出所を出発した。若手のホープ町田隊員と私が先行するが、町田隊員は驚異的な速さで登山道を駆け上がる。私は声を上げて自分を鼓舞しながら、必死の形相で彼に食らいついていく。胃の中の夕飯が飛び出てきそうになるのを堪え、汗だくになり、鼻水を流し、涎を垂らしながら、現場へと急ぐ。

いつだって現場へ向かうときは泥臭い。いざ救助となれば、みんな全力で対峙する。それが山岳警備隊の真骨頂だ。

午後六時五十三分、前劔を通過。あたりはもう真っ暗で、ヘッドランプの灯りだけが頼りだ。七時十分に平蔵のコルを過ぎ、カニのよこばい上部の鎖場にて遭難者と合流できたのが七時十八分。四人は寄り添うように固まって座り込んでいた。いずれもかなり疲労しているようだがケガもなく、なんとか自力で歩けそうだ。

七時四十三分に横山小隊長と金山分隊長が合流し、小隊長の指示で四人の遭難者にそれぞれ隊員がひとりずつ付いて下山することになった。私がサポートするのは四人のなかでいちばん若い五十八歳のDさんで、「荷物を持ちます」と声をかけると、涙を流しながら「ありがとう」と感謝された。

自分のザックの上に彼女のザックをくくりつけ、下山を開始する。ヘッドランプと手持ちの懐中電灯で足元を照らし、一歩一歩足場を指し示しながらの下山である。転滑落に備えてスリングで簡易ハーネスをつくり、鎖場などの危険箇所ではロープで確保して通過させた。絶えず声掛けをして集中力を切らさないようにし、少し歩いては休むことを幾度となく繰り返した。

午後九時に平蔵のコルを通過してひと休みしていると、Dさんが自分のことをぽつりぽつりと語りはじめた。

「先日、孫が生まれたばかりなんです。孫のためにも生きて帰りたい……」

涙を流しながら、そう言う姿が印象に残っている。

日付が変わった午前〇時三十分に武蔵のコルを通過。足を引きずりながらも、なんとか自力で歩き通そうとするDさんの姿に感動を覚える。

そして午前二時三十分、ようやくのことで剱澤小屋にたどり着いた。カニのよこばいから剱澤小屋まで、約七時間かけての下山劇であった。小屋では友邦さんと新平さんが起きていて出迎えてくれた。温かい飲み物と食べ物をいただき、ようやく人心地つく。富山の山岳警備隊と山小屋との絆の深さに触れた思いがした。

四人のなかでいちばん元気だった女性Bは、われわれよりひと足早い午前二時に小屋に着いていた。それから遅れること約三時間後の午前五時十五分、女性Cがどうにか無事にたどり着いた。しかしリーダーの男性Aは、朝六時までかかって武蔵のコルまで下りてきたものの、そこでとうとう歩行困難になってしまった。仕方なく劔沢から応援の隊員が食料などを持って武蔵のコルへ向かい、その場でツエルトを被らせて休ませた。結局、彼は自力で小屋まで下りられず、午前七時三十七分、防災ヘリによって救助された。女性三人ももうそれ以上歩かせるのは無理だったので、劔澤小屋からヘリで下界へと搬送されていった。

この事故は、「中高年登山者」「道迷い」「ベテラン登山者の過信」といったキーワードに当てはまる典型的な事案であった。女性三人は、なにも考えずに誘われるまま男性リーダーについていってしまったのだろう。ここまでひどくはなくても、似たような事故は多い。自分のことをベテランだと思い込んでいる方には、我が身を顧みていただきたい。

救助活動自体はさほど厳しくはなかったが、私自身にとっては初めての夜間に及ぶ長時間の救助活動だったので、強く印象に残っている。

この事故もそうだったが、富山の遭難救助には昔気質の泥臭いイメージがあるように思う。それは、ヘリコプターレスキューに頼れない事案も多く、いまだ人力で担いで下ろすことが少なくないからであろう。

平成二十六年、五龍岳で死亡事故があったときは、非常に天気が悪いなか、富山の山岳警備隊員が長野側から上がっていって遭難者を担いで下ろしてきた。あれは「担いでなんぼ」「一刻も早く家族の元へ」という富山の独特の考え方が反映された事案だった。それは芦峅寺ガイドから受け継がれているスピリッツであり、山岳警備隊発足当時からの理念でもある。

そのことを、私はとても誇りに思っている。

上ノ廊下の洗礼

町田和彦――上市警察署　一九七九年、千葉県出身

初めての上ノ廊下

平成十九年八月二十九日の午後、私は新人隊員として初めての剱沢警備派出所勤務を終え、充実した気持ちで室堂をあとにして車で帰路についていた。窓を開け、心地よい風を浴びながらパトカーを運転していると、弥陀ヶ原バス停前で手を挙げて私たちを止める人がいた。バス停の職員さんである。

「ご苦労様です。センターの絹子さんから電話がありました。事故かもしれません」

すぐに室堂警備派出所に電話すると、「上ノ廊下で遭難事故が発生した」とのことであった。となれば、このまま下りるわけにはいかない。勤務継続である。

急いで派出所にもどってみると、所内は騒然としていた。無線や電話でのやりと

りが間断なく続き、その傍らでは先輩隊員が必要な装備を慌ただしく並べている。私も「これで夏山警備も終わって下山できる」という気持ちを切り換えてザックを引っくり返し、出動できる準備に取り掛かった。準備をしながら情報収集の会話に耳を傾け、事態を飲み込もうとした。

大まかに把握したところによると、上ノ廊下を遡行中の親子二人パーティが、口元のタル沢出合付近で徒渉に失敗して流され、娘はなんとか流れから脱出したものの、父親は沈んでしまったとのことであった。事故の一報は、娘が奥黒部ヒュッテまで下りて届け出たようだ。経験の少ない新人隊員の私にも、ただごとではない事故であることは理解できた。

出動隊員のなかには自分の名前も挙げられていた。待ったなしの本番である。「よし、やるぞ」という気持ちと不安がごちゃ混ぜになり、緊張感が高まる。

上ノ廊下は、名前はよく聞いていたが、まだ一度も行ったことがなかった。私にとっては初めての現場である。とにかく言われたことを一生懸命やるしかない。

時間はすでに午後四時近くになろうとしていて、場合によってはビバークも考えられたため、テントやガス、コッヘル等も準備した。嬉しいことに絹子さん特製おにぎりもいただき、いざ国見ヘリポートへ向かった。

まず常駐隊員の柳澤小隊長と湯浅隊員が消防防災ヘリで先行し、続けて私と、同じ新人の工藤隊員が搭乗することになった。しかし、ヘリポートで待機中に室堂から「収納袋はもっているか?」という無線が入り、私が持っていることを伝えると、「それでは町田のみ搭乗し、工藤は帰所せよ」との指示が出た。つまり、すでに遭難者が発見されていて、収納袋が必要であるため、たまたまそれを持っていた私が現場へ行くことになったのである。

消防防災ヘリが上空に近づいて搭乗間近となったときに、急いで工藤隊員からテントや食料を受け取ってザックに押し込み、ヘリに飛び乗った。のちに、このやり取りに助けられることになるとは、そのときは考えもしなかったが……。

ヘリに乗り込むと、緊張はピークに達した。実はヘリに乗るのもこのときが初めてで、当然ホイストでの現場投入も初めての経験となる。しかもその場所は未知の世界である上ノ廊下。外を見ても、どこを飛んでいるのかまったくわからない。

谷筋に入り、川の流れが見えてきて現場が近づいてくる。いよいよホイストで降りるときがきた。ありがたいことに、同乗していた消防防災航空隊員には私が慣れない新人であることがわかったようで、付き添って降りてくれた。きっと、この世の終わりのような顔をしていたのだろう。

降下地点は口元のタル沢出合より下流の河原が広くなっているところで、柳澤小隊長が川の中で遺留品を探していて、湯浅隊員は岸に上がっていた。急いで湯浅隊員に近づいてみると、そこには遭難者が横たわっており、すでに心肺停止が確認されていた。遭難者はウェットスーツを着ていて、腰には確保用のザイルがじかに巻かれていた。ザイルの結び目の先は寸断されており、流れの強さを物語っていた。

山の現場で見る初めての遺体に、私はただ手を合わせるしかなかった。

収納袋を出すよう指示をされ、ザックから緑色の袋を取り出した。先輩たちは手際よく遭難者を袋の中に収納し、ザイルで縛り搬送の準備を整えた。私は、なにもわからないまま、ただ手を貸すだけである。遭難者を収納する際に、先輩らはヘルメットをしっかりと被せていた。搬送中に頭が傷つかないようにという配慮は、さすがだと感じた。「現場から火葬場まで」という言葉は聞いていたが、まさにそのとおりに実践している姿を、このとき目の当たりにした。

雨のなかのビバーク

搬送準備を整え、給油のため一度帰投した消防防災ヘリを待っていたが、なかなかやってこない。そのうちに雨が降りはじめ、日没も迫ってきたことから、もしかしたらピックアップされずに取り残されるのではないかという不安が募ってきた。

しばらくすると、案の定、消防防災ヘリは来られないとの無線連絡が入った。となれば、まずは天候悪化による川の増水が考えられるため、遺体を安全な場所に移動させなければならない。うまい具合に一〇〇メートルほど下流のあたりの右岸側に岩屋があり、固定して安置できそうなスペースが見つかった。先輩たちは素早く岩にハーケンとリングボルトを打ち込んで、そこに遺体を固定した。

次にわれわれも奥黒部ヒュッテまで下ろうとしたが、数百メートルほど進んだところであたりが暗くなり、雨も激しさを増してきた。そこで行動を中断し、安全な高台でビバークすることに決めた。少し上流にもどると、右岸側にビバークできそうなところがあった。実際、ビバーク地として利用されているようで、焚き火の跡もあった。

そこにテントを張って中に入り、着替えてからおにぎりを食べた。ほかに行動食もあったが、明日も丸一日防災ヘリを待つことになるかもしれないので、食料を数回に分けて乗り切る計画を立てた。出発寸前に工藤隊員から受け取ったテントや食料が、このとき役に立った。

食事がすんでしまうと、することはなにもなく、あとは寝るしかない。先輩二人はちゃんとシュラフを持参しており、柳澤小隊長にあっては、シュラフカバーまで持っていた。しかし私はといえば、準備にあたふたしていたので、ビバークのことまで頭が回らず、なにも持っていなかった。そもそも個人装備としてなにを持って行くべきなのかも、このときはまだ全然わかっていなかった。仕方なく雨具を着たまま寝ようとしたら、小隊長がシュラフを貸してくれた。なにも持っていない新人の私を気遣ってくれたのだ。ほんとうにありがたく、おかげで寒さを感じることもなく、ぐっすり眠ることができた。

夜中の三時か四時ごろだっただろうか、外からゴンゴンという異様な音が聞こえてきて、ほぼ三人同時に飛び起きた。なにごとかと思ってテントの入口を開けて外を見ると、目の前には水位が増して濁流となっている川があった。音の正体は、大きな岩が流されてぶつかり合う音であった。ビバークしている場所にまで増水する危険はなかったが、一夜にして急変した黒部川に、ただただ恐怖を感じた。

それからまたひと寝入りし、目が覚めたときにはもうあたりは明るくなっていた。外は相変わらずの雨と濁流で、今日も帰ることはできなさそうだった。

とりあえず残りのおにぎりを平らげてしまうと再びやることがなくなり、横になってひたすら天候の回復を待った。それでも腹は減ってくるが、今日も帰れないことを考えて、さらに食料を切り詰めることにした。昼食は飴玉とビスケット二枚程度、なんとひもじいことか……。

その後も横になって、うとうととしては起きることを繰り返したが、しまいには食べ物の夢を見るようになっていた。午後四時の定時交信では、「依然ヘリがフライトできるような天候ではなく、午後五時と六時にも定時交信を行なう」と告げられた。また長い夜がやってくるのかとうんざりしながら、なんとかヘリが飛んできてほしいと願うが、三人の間には諦めムードが漂っていた。

やがて五時の定時交信の時間がやってきた。そのころには雨はやんでいたが、期待することなく無線を聞いていると、富山空港では消防防災ヘリがフライト準備をしているという。われわれはかすかな望みに期待を寄せ、荷物をまとめてテントの撤収にとりかかった。「どうせ片づけたら、やっぱり来られないことになるのがオチだろう」などとぼやきながら撤収作業を行なっていると、なんとプロペラの音が轟いてきて、防災ヘリがこちらに向かって進入してくるではないか。

「やった、帰れる！」

喜ぶ暇もなくテントをザックに放り込み、ヘリがホバリングできる位置まで走った。ちょうどそばには河原があり、ピックアップするのに充分なスペースがあった。上空までやってきてホバリング状態に入ったヘリからホイストが下りてきて、まず柳澤小隊長と湯浅隊員が引き上げられた。次に、昨日同様、消防防災航空隊員がホイストで降下してきて、私をピックアップしてくれた。

続けて遺体の回収に向かう。柳澤小隊長と消防防災航空隊員が現場に下りて、引き上げの準備にとりかかった。そこは狭い谷のなかで、ホバリングを続けるパイロットの緊張感が伝わってくる。乗組員全員で周囲の障害物を確認しながら、ヘリの微調整が行なわれる。下の状況は見ることができないが、ヘリとのやり取りで間もなく引き上げられてくることが予想された。機内にスペースをつくって収容作業をサポートする。なんとか遺体を収容し、下にいた隊員も回収したのちに現場を離脱。谷を抜け出して稜線を見下ろす高さまで上昇し、富山空港へと向かった。

上空はスッキリと晴れ渡っていて、富山平野が一望できた。私の心も、現場を無事やり終えた満足感で晴れ晴れしていた。その反面、「長かったなあ」と、素直に安堵した。

約十分程度のフライトを終え、富山空港に無事到着し、長く感じた救助活動が終了した。

出動した現場でビバークすることは、それほどあることではないので、この事故については今でも鮮明にそのときどきのシーンを思い浮かべることができる。

日暮れが迫り、天候も悪いなか、一瞬のスキをついて飛んできてくれた消防防災航空隊の皆さんには、心から感謝したい。

黒部川流域で沢登りの訓練

初めての長距離搬送

牧野翔人——上市警察署　一九八七年、奈良県出身

富山南警察署で警備隊員になって二年目を迎えた平成二十三年八月二十日、太郎平小屋での警備期間中の朝、いつものように小屋の掃除を手伝っているときであった。五十代ぐらいの男性が小屋の玄関に飛び込んできた。直感的に「なにかあったな」と思い、和やかな雰囲気は一瞬にして吹き飛んだ。

落ち着かせてから話を聞いたところ、三人パーティ（男性二人、女性ひとり）で薬師沢小屋へ向かう途中、薬師沢第一徒渉点にて仲間の男性が足をケガして動けなくなってしまったとのことであった。このとき私はひとりで警備についており、小屋も多忙で出動できるスタッフがいなかったため、救助要請者（パーティのリーダー）と二人で現場へと向かった。

二十分ほどで現場に到着してみると、負傷者には仲間の女性が付き添っていた。負傷者は第一徒渉点の蛇籠の上に足を置いた瞬間にスリップし、河原に膝から落ち

て膝蓋骨を骨折してしまったという。応急手当は施されていて、ストックを添え木にして患部を固定してあった。

現場の天候は雨で、回復の兆しはない。本部に状況を報告すると、とりあえず現場でのヘリ待機を命じられたので、ツエルトを雨避けにして負傷者を休ませた。しかし、三時間待ったが天候は回復せず、このままでは負傷者の容態は悪化していくだけだと思っていたところ、午後二時ごろになってようやく「負傷者を薬師沢小屋へ下ろせ」との指示が出た。

第一徒渉点からだと、薬師沢小屋よりも太郎平小屋のほうが近い。にもかかわらず薬師沢小屋のほうへ下ろすという判断をしたのは、原則的に上に上げるよりも下に下ろすのが救助のセオリーだからだ。また、二年目の隊員ひとりしかいなかったこと、天気が一瞬でも回復すれば薬師沢小屋からヘリでピックアップできる、といったことも判断の根拠になったのだと思う。

負傷者を背負い、搬送を開始する。リーダーには、救助用の装備が入っている私のザックを背負ってもらった。彼のザックと負傷者のザックは、その場にデポしておいた。ほかに隊員はいないので、私ひとりでがんばるしかない。背負い搬送用バンドに結びつけたスリングをリーダーに持ってもらい、私がバランスを崩しそうになったら引っ張って態勢を立て直してもらうようお願いした。

崩壊地手前のベンチのあたりまで下りてきたときに、背負っている負傷者が突然「ウーッ」という呻き声を上げはじめた。「どうしましたか？」と声を掛けたが、返事はない。背中から下ろしてみると、負傷者は意識を失っている。つい先ほどまでは、背負われながらもふつうに会話をしていたので、いったい何事が起きたのかとビックリしたが、リーダーの話を聞いて納得がいった。負傷者は心臓に持病を抱えているという。どうやらその発作が出てしまったようだった。

リーダーが「ニトログリセリンを持っているはずだ」というので、ウェアを探ってみると、首からぶら下げていた小さな容器の中にニトログリセリンが入っていた。急いでそれを口の中に突っ込むと、効果てきめんで間もなく負傷者は意識を取りもどした。

薬師沢小屋まではまだしばらくあり、その間にまた意識を失われたら自分ひとりだけでは対処できないかもしれないので、薬師沢小屋に連絡を入れて増員を出してもらうようにお願いした。薬師沢小屋もあまり人手がないようだったが、どうにかやり繰りして、遭対協の隊員を兼ねている従業員を出してもらえることになった。しばらくすると従業員が駆けつけてきたので、そこからは二人で交代しながら負傷者を背負って搬送した。

薬師沢小屋に着いたときにはすでに日が暮れはじめていた。傷の痛みと寒さを訴える負傷者を小屋に収容して負傷箇所をチェックしてみると、膝の骨折だけではなく、下腿いっぱいに大きな水泡ができていた。水泡はちょっと擦れただけでも破れてしまい、そこがヒリヒリと痛むようだった。外傷などが原因で下腿の組織内圧が上昇し、血行障害などを引き起こして組織が壊死に至るコンパートメント症候群の疑いがあった。

これはちょっと本人には見せられないなと思い、太郎平小屋の夏山診療所にたまたま上がってきていた整形外科のドクターに無線で指示を仰ぎながら応急手当をしておいた。

翌朝、夜が明けても前夜からの雨は上がっていなかった。これではヘリの出動は見込めない。負傷者は骨折とコンパートメント症候群の痛みで苦しんでおり、一刻も早く医療機関で治療を受けさせる必要があった。こうなったら人力で下ろす以外に手段はなく、朝五時、雨のなかを太郎平小屋へ向け搬送を開始した。

薬師沢小屋の支配人が「カベッケが原まではもう二人出せるから」と言ってくれたので、最初はその二人に背負ってもらった。カベッケが原からは、前日サポートしてくれた遭対協の隊員と二人で交代で背負っていった。

薬師沢第一徒渉点前まで来たところで、折立から上がってきた応援の警備隊員五人が合流し、その後は搬送スピードも大幅にアップした。太郎兵衛平を越え、三角点まで下りてくると、「もうあとは大丈夫」ということになり、私ひとりだけが太郎平小屋へと登り返していった。

実はこの日は常駐警備の最終日だった。小屋にもどって最後の一夜を過ごし、翌日、ひと夏の出来事をあれこれ振り返りながら山を下りた。

私にとっては、これがひとりだけで出動した初めての事故となった。おまけに長距離搬送を経験したのも初めてであり、自分の力のなさを痛感する結果となった。もしもっと私に力があって、上からも信頼されていたなら、一日目に負傷者を太郎平小屋まで担ぎ上げられたのではないか。そうすれば負傷者の足もコンパートメント症候群を引き起こさずにすんだのではないだろうか。そんな思いがしばらくは頭を離れなかった。

しかしその一方で、かなりの長距離を自分ひとりで担ぎ通したことが大きな自信になったのも事実だ。このときの経験が、今の私の血となり肉となったことは間違いない。

五龍岳での過酷な初出動

種五 駿──富山南警察署 一九八九年、富山県出身

悪天候下の背負い搬送

私の山岳警備隊員としての初出動は、隊員になって初めての夏山訓練が終わって間もなくの、平成二十五年七月二十八日に五龍岳で起きた事故であった。

当事、私は黒部警察署に所属しており、たまたまその日は地元・僧ヶ岳の開山祭で、山岳警備隊員はそのサポートをすることになっていた。しかし、登山口に着くころに事故発生の連絡を受け、「出動することになるかもしれないので、待機していてくれ」と言われ、とんぼ返りで署に引き返した。

救助にあたっては、当初はヘリの出動が検討されていた。だが、長野県側は天気が悪く、後立山連峰には雲がべったりついているという。われわれは黒部警察署で情報収集等をしながら待機していたが、結局、その日はヘリが飛べず、翌朝いちば

んに現地へ向かうことになった。

二十九日の早朝、黒部警察署の大江分隊長と工藤隊員、私、それに上市警察署の中村分隊長と井上隊員の五人は車で長野県の白馬五竜スキー場まで入り、七時過ぎにテレキャビンに乗った。山頂駅のアルプス平からは遠見尾根をたどっていくが、入隊してまだ間もない私は、五龍岳の名前を聞いたことはあっても、それがどんな場所なのかはまったくわからなかった。しかも天気は暴風雨。登山は若いころから趣味でやっていたが、悪天候のときはもちろん雨のときも山に登ったことはなく、内心では「こんな劣悪で過酷な状況のなかでも救助活動を行なうのか」と驚いていた。

視界のない強い風雨のなか、遠見尾根を駆け抜けて行く先輩隊員の背中を必死に追い、汗と雨で濡れた体に鞭打って、やっとの思いで五竜山荘に到着したのが午前十時半ごろ。夏場といっても、五竜山荘の標高は約二五〇〇メートルで、悪天候のため気温はすでに十度を下回っている。おまけに雨と汗で濡れた体を強風に叩かれ、山荘でひと休みしている間も震えが止まらない。

果たしてこんな状態で遭難者を背負ってくることができるのだろうか。それ以前に自分が低体温症で遭難してしまうのではないか。未知の現場を前にして、考えれば考えるほど、不安がどんどん膨らんでくる。

遭難パーティは三十七人という大所帯で、そのなかの六十一歳の女性が五竜山荘から五龍岳へ向かう途中、G2付近のトラバース道から富山側に一〇〇メートルほど滑落したというのが事故の概要である。遭難者が心肺停止状態であることは、たまたま現場近くにいた遭対協の隊員によって、前日のうちに確認されていた。

現場まではその隊員が案内してくれたのだが、山荘を出てから現場に着くまでがいちばん寒く感じられ、私の震えはずっと止まらなかった。

到着した現場は足元の不安定な急斜面で、ちょっとバランスを崩せば谷底まで落ちていってしまうのではないかと思うような場所だった。さらに上からの落石の危険もあった。

そのなかで、先輩隊員らは素早い動作で遭難者を搬送できる状態に梱包し、背負子にくくりつけた。私は富山側からの吹き上げの風にガタガタ震えながら、言われたことをやる以外は、先輩たちの作業をただ見守っていることしかできなかった。

それからの遭難者の搬送は、先輩たちの強さにただただ驚くばかりであった。自分が搬送する番が回ってきても、すぐに力尽きてしまって交代してもらったのだが、先輩たちはいつまでたっても交代することなく、ひたすら遭難者を担ぎ下ろしていった。その姿からは、「この遭難者を早く家族のもとに返してあげたい」という気迫さえ感じられた。それに比べて私は、半ば心が折れていたように思う。

結局、ゴンドラ頂上駅まで搬送するのに夕方までかかったが、そのほとんどの行程を先輩隊員が担ぐことになった。なかでも私のひとつ上の先輩がとても強かったのが印象的で、「一年後には自分もこんなに強くなれているのだろうか」と思ったと同時に、「一年後には自分もこれぐらい強くなっていたい」という目標もできたのだった。

このケースでは遭難者は亡くなっており、亡くなっている人を運んでくるのに無理をするのはどうかという声も耳に入ってくる。しかし、富山の山岳警備隊は、亡くなられた方を少しでも早く家族の元に返すことにも命を賭ける。

近年はヘリコプターでの救助が主流となっており、亡くなった遭難者を人力で搬送してくることはめったにないという。初出動でそんな貴重な体験をできたことは、その後の山岳警備隊員としての活動において大きな自信にもなったように思う。

連続出動で未熟さを痛感

この事案のあと、黒部警察署に帰ってきたその日に白馬岳の清水尾根でまた遭難事故が発生し、ひと息つく間もなく出動することになった。遭難者は五十代の男性で、残雪を踏み抜いて右足を骨折し、歩行不能になっているという。男性は仲間の手で不帰岳避難小屋に運び込まれており、ひと足先に遭対協の救助隊員二人が先行していた。

そのあとに続いて先輩隊員と私が現場に向かったのだが、欅平から不帰岳避難小屋まではとにかく距離が長い。小屋に到着したときはもう夕方になっていたため、その日は避難小屋に一泊し、翌日、天気がよければヘリでピックアップすることが確認された。

しかし、翌朝の避難小屋周辺は濃いガスのなか。これではヘリも出動できず、一昨日に続き、またしても背負い搬送で下ろすことになった。入隊したばかりの新人隊員にとって、連チャンの背負い搬送は試練以外のなにものでもなく、案の定、すっかりバテバテになってしまった。道すがら、「なんでこんなことになったんだろう」と思いながら担いでいたことを覚えている。負傷者はけっこう体格のいい人だったので、余計に辛かった。

ショックだったのは、私が背負っているときに負傷者から「ほかの方に代わってもらえますか」と言われたことだ。面と向かってはっきり言われたわけではないが、要は「ほかの人に背負われているときは安心していられるけど、君は不安定だし足元もおぼつかない。怖いから代わってくれ」ということである。さすがに落ち込んだが、ほかの隊員がみな「ザ・山男」みたいな恰幅のいい人たちばかりだったので、「そう言われるのも無理はないよなあ」とも思った。これはこれで、自分の欠点に気づかせてくれた事案であった。

この二つの救助活動を通して痛烈に感じたのは、自身の未熟さと、先輩隊員の強さである。また、遭難救助は山岳警備隊員個々の力だけではなく、山小屋のスタッフや遭対協の救助隊員など、たくさんの人たちの支えがあって成り立っていることも実感できた。

入隊して四年目を迎えた今も、まだまだ未熟の域を出ていないので、今後もさらなる努力をしていかなければならない。そしていずれは、県内のどの山にも精通し、技術的にも体力的にも安全面においても、「こいつならどこのどんな現場へ行っても大丈夫」と言われるような、信頼される隊員になりたいと思っている。

三つの初めての経験

柳本直樹——上市警察署　一九九一年、愛知県出身

初めての出動

私が山岳警備隊員になった平成二十七年、初めての夏山訓練に参加し、別山北壁において登攀訓練を行なっていた七月十九日のことだった。内蔵助山荘で低体温症の子どもを保護しているとの連絡が入り、先輩隊員二人と、山梨県警察から出向中の増子主任、それに私の計四人が別山北壁から直接現場に向かうことになった。その子どもは父親と立山を登山中に低体温症で動けなくなってしまい、たまたま通りかかった登山者のサポートを受けながら内蔵助山荘に収容されているという。

先輩に置いていかれそうになりながらもなんとか小屋に到着してみると、低体温症の子ども（以下、A君）は山小屋の方々の看護のおかげですでにだいぶ回復していた。歳は小学校低学年ぐらいで、私の勤務地する上市警察署の管内の中新川郡舟

橋村に住んでいるという。

A君の体調はとくに問題なさそうであったが、念のため経過を見ようということになり、われわれ四人も内蔵助山荘に一泊することになった。その夜は、A君が持っていたゲーム機でいっしょに遊んだり、しりとりをしたりして交流を深めた。

私は大学のときに学童保育のアルバイトをした経験があり、子どもが大好きである。ほかの先輩たちがA君の体温を測ったり、父親から事情聴取をしたりしているかたわらで、私はただ遊んでいただけ。「訓練中なのにこんなに楽しくていいのかなあ」と思いながら相手をしていた。というよりは私のほうが積極的に楽しんでいた。

翌日、下山していくA君と父親を見送り、われわれは訓練に戻っていった。剱沢に帰り着き、大江先輩に「どうだった？」と尋ねられ、「いえ、何もできませんでした。子どもと遊んでいただけです」と報告したら、「うん、それでいいんよ」と言われた。それがとても印象に残っている。

その数日後、夏山訓練も終わって下山した私は、地域のお巡りさんとして舟橋村の祭りに参加し、富山県警察の交通安全ヒーロー「安全戦隊 事故セイバー」というキャラクタースーツを着て、事故に対する注意を呼びかけていた。その最中に偶然見つけたのがA君だった。

最初に「おーい」と声をかけたのだが、私がヒーロースーツを着ていたので誰かわからず、「え、なに？　誰？」という感じで戸惑っていた。そこでスーツを脱いで「俺、俺だよ」と言ったら、「あーっ！」と思い出してくれた。A君はもうすっかり元気になっていた。いっしょにいた父親には、「あのときはどうもお世話になりました」と改めてお礼を言われた。

私とA君はお互いの再会を喜ぶとともに、またいっしょに遊ぼうと約束したのだった。

現場臨場時にはバテバテで先輩方に心配をかけたうえ、現場ではあたふたするだけでなんの役にも立てず、いいところなしであった。しかし、A君を元気づけて仲よくなれたことや、A君の「ありがとう」という感謝の言葉は、今の自分の山岳警備隊員としてのモチベーションにつながっている。

初めての背負い搬送

この初出動から一カ月ほどが経った八月二十六日、私は室堂警備派出所で夏山警備に就いていた。その日は雨が降っており、登山者も少なく、われわれは派出所内で待機していた。

そののんびりとした雰囲気を破ったのが、一ノ越山荘からの電話だった。真砂岳の大走り登山道で、六十代ぐらいの単独行の男性登山者がケガをして動けなくなっているとのことであった。

それからバタバタが始まった。私と先輩隊員三人が出動することになり、背負いバンドを持って現場へと走った。まず二人の先輩が先行し、そのあとに私が続き、もうひとりの先輩が遅れて出発した。間もなくして後発の先輩が私に追いつき、「がんばれ」と言って背中をひと叩きして抜いていった。背負いバンドを持っていたのが私だったので、とにかく私が現場に着かなければ搬送は始まらない。しばらくすると、「現着（現場到着）、どうぞ」という無線が次々と入ってきて、「やばい、やばい」「どこだよ」「まだ見えてこねーよ」「早く行かなきゃ」と思いながら必死で走っていった。

ヘロヘロになりながら現場に到着してみると、先輩隊員が搬送準備を整えていた。遭難者は足首をひねったとのことで、「折れているかな」と思ったが、後に捻挫だったことが判明した。

現場は真砂岳稜線の大走り分岐のちょっと手前のあたりで、そこから雷鳥平までは先輩が交代で背負っていった。その間、私は登山道にある危なそうな石を脇にどけたり、足を置く場所を指示したりしてサポートした。

雷鳥平から室堂まではもう危険なところはないので、ようやく私も背負うことになった。私にとっては初めての背負い搬送であり、いざ遭難者を背負ってみると、その重さがずっしりと背中と肩に掛かってきた。「背負い搬送とはこんなに辛いものか」と思ったが、遭難者にだけは弱い自分を見せまいとして、空元気を出して「もうすぐですよ」「がんばってくださいね」などと声を掛けながら搬送していった。

さすがだなと思ったのは、先輩隊員が背負うときはなかなか代わろうとしなかったことだ。交代しやすいポイントまで来ると、「ここで代われるぞ」と声が掛かるのだが、「まだ！」と言ってもうワンピッチ担いでいく。私も、現場臨場の際にかっこ悪かったぶん張り切ろうと思い、ふらつきながらも「まだ行けます」と言ってがんばった。

背中の遭難者は、背負って運ばれることに恐縮し、申し訳なさそうに何度も「すみません、ご迷惑をおかけします」と繰り返した。その言葉を聞くたびに胸が痛み、無我夢中で進んでいった。

なんとか室堂まで担ぎ上げ、立山町消防署の救急車に引き継いだときには、大きな達成感を感じた。その数日後、遭難者からお礼の手紙が届き、ケガは軽傷ですんだことを知った。救助した人から手紙をもらったのは初めてのことだったので、とても嬉しかった。

初めての重傷事故現場

秋のシルバーウィークが終わって間もない十月初旬、複数名の常駐隊員が北方稜線で行方不明になった登山者の捜索に出るため、欠員の穴を埋める形で私が数日間、室堂警備派出所で勤務することになった。

その二日目の十月五日、内蔵助谷出合で単独行の女性が頭部を負傷したという連絡が入り、先輩隊員と私の二人が出動することになった。アルペンルートで黒部ダムまで行き、そこから走って現場へ向かう途中、「柳本が離れないようなスピードで現場臨場してくれ」という無線が入り、申し訳ない気持ちになる。離されないように一生懸命、先輩隊員のあとについていった。

現場に到着すると、たまたま近くにいて先着していた先輩隊員と、通りがかりの登山者が負傷者の応急処置をしているところだった。この登山者が事故を目撃し、携帯電話で救助を要請してくれたという。

女性は歳のころ四十歳ぐらいで、頭から血を流していて意識はほとんどなく、息も絶え絶えの状態で横たわっていた。段差のところで転倒して転げ落ち、下にある岩に頭を打ちつけてしまったそうで、あたりには血が飛び散っていた。

登山者から処置を引き継いだわれわれは、負傷箇所に包帯を巻き、保温のためツエルトで体を包んだ。といっても、忙しそうに立ち振る舞っているのはもっぱら二人の先輩で、初めて重傷者を前にした私は、「どうしよう、どうしよう」「なにができるんだろう」とあたふた混乱するばかり。そんな私を見かねて先輩隊員から「柳本は要救（要救助者）に声掛けしろ!」という指示が飛んできた。

なにか先輩たちの役に立てることがあるのではないかと思っていた私は、「え、それだけでいいの?」と肩透かしを食らった気分になったが、とりあえず先輩の指示に従って、「大丈夫ですか」「がんばってください」などと負傷者に声を掛けはじめた。

だが、しばらく声を掛け続けても、負傷者からはほとんど反応は返ってこない。「どう声を掛けたらいいいんだろう」と戸惑っていると、もうひとりの先輩から「しっかり声を掛け続けろ!」と叱りつけられた。

このひと言で「こうなったら全力でやるしかない」と開き直り、「がんばって」「もうすぐヘリコプターが来ますんで」と、必死になって声を掛け続けた。それに対して、最初のうちは頷いているようにも見えなくはないという反応だったが、やがて「どこが痛いですか」「寒いですか」「名前は言えますか」という問い掛けに答えが返ってくるようになり、「お、ちょっとは回復してきているのかな」という気がしてきた。

先輩隊員は、応急手当をしながら「ヘリを呼べるか」「背負い搬送するか」について話し合っていたが、天気はすぐれず、今にも雨が降ってきそうな空模様だった。おまけにちょうどこのとき、県警ヘリは点検中であった。

「これは背負い搬送になるかも」

そう覚悟もしていたが、最終的には石川県の消防防災ヘリが来てくれた。遭難者をピックアップして現場から飛び去るヘリを見送りながら、思わず「ああ、よかった」と安堵の溜息が漏れた。だがその一方で、「俺、必要だったのかな」「自分はなにか役に立てたのだろうか」という思いを拭えなかったのもまた事実である。

それから数カ月後、私が上市警察署で勤務していると、二人の女性が署にやってきた。「あれ、どこかで見たことがある人だなあ」と思いながら、「どうされましたか?」と尋ねると、「警備隊の方はおられますか」と言うので、「僕も警備隊員ですけど」と答えた。

「内蔵助谷で転倒して頭を打って、警備隊の方に助けられた者です」

と言われ、ようやく「ああ!」と思い出した。事故当時は生死の境を彷徨《さまよ》っているような顔をしていたので、元気な顔を見てもわからなかった。彼女は、知り合いの女性に付き添ってもらって、救助のお礼をするためにわざわざ署を訪れたのだった。

「あ、僕もそのとき現場にいました」

そう答えながらも、自分があの現場で役に立てたという自信がなかったので、なんだが気まずい思いがした。

彼女は私や先輩隊員に「あのときはどうもありがとうございました」と深々と頭を下げ、「声掛けをしてくださったのはどなたですか」と尋ねてきた。

私は恥ずかしくて「自分です」とは言い出せず、「あ、ああー、はい……」と言葉を濁して誤魔化した。このとき彼女は、お礼の手紙を置いていった。

あとでその手紙を読んでみると、「ずっと声を掛け続けてもらい、とても温かく励まされたことをよく覚えています」といったことが書かれていた。

自分では役に立てたとはとても思えず、釈然としない気持ちを抱えたままだったので、この手紙を読んで大変嬉しく思い、何度も何度も手紙を読み返した。

これといってとくに取り柄のない私であるが、唯一の長所はいつも前向きで明るいところだ。これからも辛く厳しい現場をたくさん経験することになると思うが、そんななかでも遭難者や仲間を元気づけられる、ムードメーカー的な存在になりたいと思っている。

辛いときや苦しいときには、個人的に一番印象に残っているこの事案を思い出してがんばっていきたい。

第3章　レスキューにかける情熱

十八年ぶりに発見された遭難者

大江敏昭——富山南警察署　一九六六年、富山県出身

一人の身元不明者

私が黒部警察署に所属していた平成二十四年九月二十五日の午前十一時三十分ごろ、阿曽原温泉小屋の従業員から「〝仙人岩屋〟で白骨遺体が発見された」という電話がかかってきた。

仙人岩屋は標高一五二〇メートル、仙人温泉小屋の北方約二〇〇メートルのところにある黒部市の指定文化財で、中世の修験者の道場であり宿泊場でもあった岩窟のなかには、南北朝時代のものと考えられる阿弥陀坐像が祀られている。また、岩窟内にはヒカリゴケが自生していて、こちらは黒部市の天然記念物に指定されている。

この日、山岳ガイドが文化財の調査スタッフを案内して仙人岩屋を訪れ、周辺を調査していたところ、岩屋の裏側で白骨遺体を発見し、阿曽原小屋を経由して署に

連絡が入ったのだった。

その遺体回収のため、ヘリで現地入りしたのは翌日のこと。阿曽原小屋に常駐していた警備隊員と仙人温泉小屋で合流し、歩いて五分ほどの岩屋へ行ってみると、岩の下に頭蓋骨とシュラフに入った人間の遺体のようなものがあった。そのそばには、腐食してぼろぼろになった登山靴やザック、水筒なども転がっていた。

「いやー、これはそうとう時間が経っているみたいだから、身元はわからないだろうな」

そう思いながら現場の写真を撮影し、遺体と遺品を回収した。

このような身元不明の遺体が発見されたときには、死因を調べて事件性がないかどうかを判断するため、検死作業に入る。この人はシュラフに入ったまま息を引き取ったようだが、肉体はほぼ土に還ったような状態で、大腿骨などの大きな骨だけが残っている状態だった。そのほか、シュラフのなかからはヘッドランプや衣類なども出てきた。ヘッドランプにはイニシャルが書かれていたが、それだけでは誰だかわからない。ただ、シャツのポケットには手帳が入っていた。シュラフのなかにあったおかげで、それはほぼ原型を保っていた。もし野ざらしになっていたら、たぶん跡形もなくなっていただろう。

その手帳には身元不明遺体（以下、遭難者とする）の登山記録が綴られており、剱方面に来たときの日付と簡単な行動記録も記されていた。

それによると、遭難者は十月二十二日（土）の二十三時五十分に新宿を発ち、翌二十三日に扇沢から室堂経由で入山。この日は雷鳥沢を登って剱御前に幕営した。二十四日（月）のメモには、「8：00剱沢」「8：40一服剱」「12：40展望台」とある。展望台というのがどこなのかはわからないが、一服劔まで行ったことは間違いないようで、午後三時には仙人峠に到着してテントを張っている。二十五日は仙人山に登って池ノ平で幕営。翌二十六日（水）は仙人池まで下りてきて、ここから見える八ツ峰のスケッチを残している。

その後、遭難者は仙人池に荷物をデポし、剱大滝を見に行こうとしたようだ。メモには次ような記述が見られる。

「ガンドウ尾根下り　剱大滝見物しようとしたが見えず」

「樹林帯の中で穴にはまって脇腹を強打」

「ピッケルのヒモで首を吊り気を失う」

つまり、ガンドウ尾根を下って劔大滝を見にいこうとしたが見えなかったため、引き返してこようとしたところ、樹林帯のなかで滑落して穴にはまり、その際に脇腹を強打するとともにピッケルの紐が首に絡まって締まり、気を失ってしまったということらしい。

しばらくして遭難者は意識をとりもどし、手帳にこうしたためる。

「岩室に潜り込み　全部はく水まで」

「花崗岩帯の為　水場が無く　雨水をビニールにためる」

脇腹を強打したせいか、あるいはほかにも負傷箇所があったのか、遭難者はほとんど動けない状態に陥ってしまったようである。装備はほとんど仙人池にデポしてきたので食料もなく、ビニールに貯めた雨水を飲んで喉の渇きを癒したのだろう。

このメモが十月二十六日付のものであるが、次の記述はなんと二十日後の十一月十五日。「池…水」という文字以外は判読できず、その二日後の十七日のメモにはこう書かれていた。

「仙人池にたどり着く　21日ぶりの食事」

驚くことに、遭難者は二十日以上かけて荷物をデポした仙人池までたどりついたのである。その間、水と少しの行動食だけで生き延びていたというわけだ。

遭難者の記録はここで終わっている。その後、最後の力を振り絞って下山を続けたが、仙人岩屋まで来たところでとうとう力尽きてしまったのだった。

登山届提出の重要性

手帳に書かれていた日にちと曜日を調べてみると、平成六年、平成十七年、平成二十三年が合致した。そのなかで、平成六年十二月には家出人捜索願が提出されており、いまだ発見されていない人物がいた。届出には「登山が趣味」と書かれてあったので、早速、届出人に連絡して確認してみたところ、その人物が該当者と見て間違いないようだった。

遭難者は昭和十八年生まれの独身男性で、事故当時の年齢は五十もしくは五十一歳。親戚兄弟はいるのだが疎遠になっていたようで、ひとり暮らしの天涯孤独な身であった。山に行くときはいつもひとり。誰にも行き先を告げず、登山届も出していなかった。しかも、男性が入山したのは、小屋も全部閉まっているシーズン外れの十月下旬だったので、目撃者もほとんどいなかった。家出人捜索願は義兄から出されていたが、「どこへ行ったかわからない」とのことだったので、捜しようもなかった。

そうした要因が重なり、誰にも発見されずに二十年近い歳月が経ってしまったというわけである。

よくよく考えてみたら、男性が入山した平成六年ごろというのは、私が黒部警察署に配属されてまだ間もない時期で、放置されていたテントとカメラだけを回収しにいった出動があったような記憶がある。たしかその持ち主は見つからないままだった。あるいはそのときの遭難者だったのかもしれない。

「家族の者が北アルプスに行ったんだけど、そっちに行っていないか」

というような問い合わせは今もたまにある。しかし、北アルプスというだけではあまりにも広大すぎて、われわれとしてもどこから手をつけていいのか戸惑ってしまう。とりあえずは各登山口に車が置き去りになっていないかどうかを調べるが、公共交通機関を利用していたらお手上げだ。山小屋などの宿泊施設にも片っぱしから電話をかけて、「こういう人が泊まっていないか」と宿泊者を確認してもらうが、該当者がいないことも多い。

そのようにして、行方不明になったまま発見されていない登山者は決して少なくない。黒部峡谷の断崖絶壁につけられた水平歩道を歩いていて落ちたとしたら、同行者や目撃者がいないかぎり、まず発見できない。そうした事例が、毎年一件は必ずある。

この事例にしても、男性が登山届を出していたら、あるいは誰かに裏剱方面に行くことを告げていたら、命だけは助かっていたかもしれない。遺体が発見された仙人岩屋のうしろ側は、ふだんだったら誰も行こうとしない場所である。もし文化財の調査が入らなかったら、おそらくいまだにあの場所で眠り続けていたことだろう。

検死作業を終え、「事件性はない」と判断されたのち、遺体と遺品は遺族によって引き取られていった。

「ずっとどこに行ったのかわからなかったんです。どうもありがとうございました」

遺族からはそう言われてとても感謝された。誰にも発見されずに行方不明のままだったら、遭難者も遺族も心残りだっただろうから、長い年月はかかってしまったが、一件落着してほんとうによかったと思う。

それにしても、単独登山の危ない一面を見せつけられた事案であった。

現場から裏方に回って

柳澤義光――上市警察署　一九七〇年、東京都出身

チームケルン

高校、大学と山岳部に所属して山をやってきた。遭難救助の仕事に憧れたのは、大学時代の山岳部の先輩が長野県の遭対協の隊員になったのを見て、「こういう仕事もあるんだな」と思ったのがきっかけだ。その先輩にならい、長野県の遭対協の常駐隊員も経験した。

しかし、大学卒業時に富山県警察の試験を受けて合格したものの、ほかの道に進みたいという気持ちが強く、結局、警察官にはならなかった。その後、就職浪人のような形で二年ほど過ごしたが、希望する道に進めなかったので、再度、富山県警察を受験したら幸か不幸か合格した。

警察官になったのは平成七年で、翌年、山岳警備隊に入隊した。平成十四年から

は常駐隊員として六年間、山の仕事に従事してきた。平成二十年以降は警察本部地域課勤務となり、主に警備隊の活動を裏から支える事務方の仕事を手掛けるようになった。

私が本部に異動となったこの平成二十年は、富山県内において過去最多の遭難件数（一三三件）と遭難者数（一五九人）を記録した年であった。このため、警察本部地域課はなんらかの遭難防止対策を推進しなければならないという方針を打ち出し、翌平成二十一年から実施されることになった。その主な防止対策が「山小屋での出前講話」と「パトロール中の声掛けアドバイス」であり、それらの実働部隊が「チームケルン」と命名された特別広報班である。

といっても警備隊とは別のチームがあるわけではなく、実施しているのは山岳警備隊員であることに変わりはない。あえて新しいチーム名をつけたのは、われわれも遭難事故防止の意識をしっかり持つためであり、また「こういうこともやっているんだ」という広報的な意味合いも込められている。

「出前講話」は、山小屋の夕食前後の時間を利用して、宿泊している登山者に食堂や喫茶室などに集まってもらい、周囲の登山道の状況、危険箇所での注意点、山域の気象特性、周辺で起きている遭難事例の紹介、山の歩き方、装備の使い方やメンテナンスの方法などについて警備隊員が話をするもの。そのなかでもとくに関心が高いのは遭難事例の話だ。「この近くでこんな遭難事故が起きています」という話をすると、やはりインパクトが強いのだろう、皆さんに「気をつけよう」と思ってもらえるようである。

出前講話を実施しているのは、室堂と剱沢の警備派出所周辺の山小屋が中心となるが、ゴールデンウィークや夏山警備期間中以外はできるだけあちこちの小屋を回るようにしている。また、警備期間中に隊員が常駐する太郎平小屋や阿曽原温泉小屋、朝日小屋などでは、ほぼ毎晩のように講話を行なっている。

もうひとつの「パトロール中の声掛け」は以前からやっていたことであるが、チームケルンの結成によってより積極的に取り組むようになった。登山者の装備や歩き方、あるいは天候や時間などを見て、「ちょっと厳しいですね」「引き返した方がいいですよ」「無理しないでくださいね」などと、状況に応じていろいろなアドバイスをするようにしている。パトロール時には山岳警備隊の制服を着ているせいか、ほとんどの登山者は「山岳警備隊員の言うことなら」と、話を素直に聞いてくれるのでありがたい。

最近の県内の遭難事故発生件数は、急増しているわけでもないし、がくんと減っているわけでもなく、高止まり傾向にある。それは、おそらくこうした取り組みの成果が徐々に現われてきているからだろう。遭難事故の増加傾向には一定の歯止めをかけることができているように感じている。

裏方仕事

私が現場から離れてもう八年にもなる。最初はちょっと寂しい気持ちもあったが、ひとつのチームである以上、裏方的な役割を担わなければならない者が当然必要になってくる。それは、本部に行ってみて初めてわかったことだった。

本部での仕事は八、九割が山岳関係だが、現場に出ることはほとんどなくなり、大きな訓練にもあまり行けなくなった。山の警備にしても、ゴールデンウィークと夏に一回だけ、ちょこっと顔を出すぐらいだ。その代わりに、他署との調整や文書作成、訓練計画の立案、装備の購入・調達、遭対無線関係の事務手続きなどなど、もっぱらデスクワークに追われるようになった。平成二十四年からは山岳警備隊の副隊長という立場になり、平成二十七年からは上市警察署に配属された。仕事の内容は、本部や関係機関との連携、応援隊員の調整など、もろもろの段取りをつける業務が中心で、そういう意味では本部にいたときとあまり変わっていない。

現場に出ていた若いころは、現場の段取りだけ考えていればOKだった。ヘリを呼んだほうがいいと判断すれば、無線で「ヘリを呼んでくれ」と伝え、あとはお任せである。隊員が足りなければ、「人数を増やしてくれー」と言ってそれで終わりだった。

逆に今は、現場の隊員ができるだけ活動しやすくするために、裏側でいろいろな段取りを組むのが主な仕事となっている。それはそれで、現場に出ていたころとはまたちょっと違った難しさがある。

極端な話、判断をひとつ間違うと、現場の隊員を危険な目に遭わせてしまったり、救助活動自体がうまくいかなくなったりすることにもなりかねない。とくにうちの警備隊は、三度の殉職事故が起きているという過去がある。同じことは絶対に繰り返してはならないから、よけいに慎重になる。

どちらかというと私は単純な性格なので、正直なところ現場にいたほうが楽だと感じる。現場では、やることは決まっている。与えられた条件のなかで、できるかぎりのことをやるのが現場だ。たとえば、天気が悪くなってヘリが来なければ、人力で遭難者を下ろす。ただそれだけのことである。

現場に出てナンボの世界

今の若い隊員はみんな真面目で、トレーニングも一生懸命やっている。隊としての訓練は当然として、個々で自主トレーニングにも励んでいるようだ。隊の合同訓練のときに、同世代の者と比べて自分だけ体力がなかったら、やはりみっともないし恥ずかしいし、なにより現場で使ってもらえない。だからみんな、個人トレーニングを怠らない。

私が若いころも同じだった。仕事が休みのときに個人的にトレーニングをして、合同訓練のときにその力を発揮し、「俺はこれだけできます」と先輩隊員にアピールするわけだ。そこは、認められて現場に連れていってもらってナンボの世界である。富山県警察の山岳警備隊員になった以上は、誰もが現場で活躍することを目指しているはずだ。

ただ、今の若い隊員はやらなければならないことがたくさんあって、大変だとは思う。とくに昨今は権利意識が高くなっている時代である。ケガや病気への処置ひとつにしても、現場できちんとしたことをやらないと、あとあと責任問題になってしまう。私が入隊したころは、とりあえず遭難者を運んで下ろせばいいという風潮だった。応急処置も今のような科学的なものではなく、見よう見まねでやっていたところがあった。今はそれが許されず、救急法にしろ雪崩学にしろ、講習会などに参加して専門的な知識を勉強しなければならない。そういう点で苦労が多くなっているように感じる。

それでも若い隊員は文句ひとつ言わずに、自分たちがやるべきことに黙々と取り組んでいる。けっこういい加減なことをやっていたわれわれとは違って、誠実だし素直だ。

だが、その反面、おもしろみや破天荒さに欠け、勢いがないようにも感じる。現場でほかの隊員を引っ張っていくようなムードメーカーがいないのだ。そういうところに若干物足りなさを感じるが、それはわれわれが若い隊員の長所を消してしまっているところがあるからなのかもしれない。

志半ばで隊を去っていく者もいるなかで、これからの若い隊員には、山岳警備隊員としての誇りと責任感をもって、よりいっそうがんばってもらいたいと思っている。

葛藤とともに歩む隊員生活

黒川和英——黒部警察署　一九七二年、富山県出身

危険な仕事の重圧

私は海のそばの町、富山県新湊市（現在の射水市）で生まれ育った。新湊市は海が近い。母親も漁師の家系で、私自身、小さいころから山よりも海のほうに馴染んできた。だから警備隊に入るまでは、山の経験もほとんどなかった。

学生時代にはサッカーをしていて、そこそこ体力があって足も速かったことから、平成三年に警察官を拝命してからは富山県警察の駅伝部に入部した。その後、縁があって平成十二年に開催予定の富山国民体育大会には山岳競技の選手として出場することが決まり、ロッククライミングや縦走のトレーニングを通じて初めて山と触れ合うことになった。それがきっかけとなり、推薦もあって平成九年に山岳警備隊に入隊した。

山岳競技のトレーニングをしているときに山のよさは感じていたが、山岳警備隊という仕事の全貌が見えず、最初のうちはまったくの手探り状態だった。駅伝をやっていたので体力には自信があったものの、駅伝と山とでは体の使い方が全然違っていて、体力があるだけでは通用しないということを痛感した。

入隊して初めての冬山訓練では、大きな荷物を担いで山スキーで馬場島へ入山する初日に、大きな靴擦れができてしまい、その痛みに耐えながら訓練を終えたときには、傷口が陥没してしまっていた。そんな経験を積みながら、徐々に山の技術や知識を覚えていった。

ただ、私の場合、山が好きで山岳警備隊員に憧れていたわけではなく、山や救助に対する思いも決して強いとは言えなかった。しかも訓練や実際の現場を経験するうちに、山岳警備隊の仕事には大きな危険が伴うということもわかってきた。それは「いつか死ぬのではないか」という不安に変わり、「自分は山ヤではないし、辞めたほうがいいのではないか」という気持ちを抱えながら毎日を過ごしていた。

そんなさなかの平成十二年二月、入隊して三年目の冬山訓練最終日、赤谷尾根を下山しているときに、文部省登山研修所（現在の国立登山研修所）の研修に参加している学生が、大日岳で雪崩に流されたという一報が入った。馬場島に下山したわれわれは、ヘリコプターで順次、現場に送り込まれた。現場では事故直後から講師らが捜索にとりかかっていて、われわれもすぐに掘り出し作業を開始した。

捜索に当たっていた講師や隊員らは総勢十五人ぐらいだっただろうか。現場は崩壊した雪庇の真下で、頭上にはいつ落ちてくるかわからない不安定な雪の壁があって、「危なくなったらすぐ逃げろ」と言われていた。

懸命の捜索にもかかわらず埋没者は見つからず、そろそろ日没が近づいていた。この日の捜索も、あとわずかで切り上げなければならなかった。そのときに事故は起きた。轟音とともに上部の雪の壁が崩れ、いくつもの大きな雪のブロックが落下してきたのだ。

凍りついて岩のように硬くなった雪のブロックの直撃を受けたらひとたまりもない。私は考える間もなくとっさに下部の斜面に飛び降りた。

なにが起きたのかわからず、ふと我に返って周囲を見渡すと、顔面から血を流している隊員が視界に入ってきた。そのそばにはブロックを受けて倒れた隊員もいる。あたりは蜂の巣をつついたような騒ぎになり、われわれはただちに負傷した二人の隊員の救助にとりかかった。もう日没間際だったためヘリはフライトできず、とりあえず二人を近くの大日小屋に運び込んだ。その日は小屋で一夜を明かし、翌朝一番で飛んできたヘリで二人を病院に搬送した。ひとりは顔面骨折、もうひとりは腰骨の陥没骨折と、どちらも重傷を負ってしまったが、命に別状がなかったのは不幸中の幸いだった。

この事故によって、自分が危険な仕事に就いているという現実を再認識させられた。事故が起きたとき、作業をしている場所がちょっとでも違っていたら、自分がケガをしていたかもしれないし、最悪、命を落としていた可能性だってある。下界での警察官の仕事では、辛くても命をとられることはごくまれだが、山では一瞬の気の緩みや手抜きが命取りになってしまうこともある。

それが心に重くのしかかり、このときは「山岳警備隊を辞めよう」という気持ちが大きく膨らんだ。しかし、辞める責任もあるし、まわりで支えてくれる仲間には迷惑をかけたくはなかった。それを思うと、そう簡単には行動に移せなかった。

富山の山岳警備隊には、多くの人がこの仕事に憧れ、自ら希望して入隊してくる。そのなかには、思いを遂げられずに志半ばで辞めていった隊員もいれば、今も熱い思いを抱きながら山の仕事を続けている人もいる。そうした隊員と自分と重ねてみると、ついつい申し訳なく感じてしまう。

多くの人々に支えられて

そんな感情を胸に山岳警備隊員を続けてきて十六年が経過した平成二十五年、県警察逮捕術大会に出場したときに前十字靭帯を断裂してしまい、人生で初めての入院生活を経験した。もともと体は頑健なほうだったので、それまで大きなケガをしたことはなかったのに、このときはリハビリも含めて完治するまでに一年半ほどかかってしまった。

足のケガは、山岳警備隊員としては致命傷である。さすがに「もう山岳警備隊員もダメか。辞めよう」と思い、気持ちの整理もつけた。私の心中を察してか、妻も「いつ辞めてもいいよ」と言ってくれた。しかし、高瀬隊長や仲間の隊員から「がんばれ」という励ましをもらい、踏みとどまった。

辞めるのは簡単なことだが、今、自分がなぜ山岳警備隊にいさせてもらっているのかを考えたら、簡単に辞めていくわけにはいかない。たしかに心のなかにある

「もう辞めどきなのかな」という気持ちは否定できない。その反面、誰もができない仕事、今しかできない仕事をしているという自負もある。それに、まわりのいろいろな人に支えてもらっていることを考えると、やはり無責任なことはしたくない。

足の傷もほぼ癒えた平成二十七年、私はそれまでの上市警察署から黒部警察署へ異動した。黒部警察署の主な管轄は黒部川の下ノ廊下周辺で、下ノ廊下の登山道が開通する九〜十月が登山シーズン最盛期となる。この間、黒部警察署の山岳警備隊員は阿曽原温泉小屋に交代で常駐し、事故防止活動や遭難救助活動に当たる。阿曽原温泉小屋は山岳警備隊のOBであり、いろいろ協力していただけるのでほんとうに助かっている。

異動になる前の平成二十六年の秋、下ノ廊下の半月沢で滑落事故が起き、当時、上市警察署の所属だった私も応援部隊として救助に参加した。遭難者は登山道から一〇〇メートルほど滑落して岩棚に引っ掛かっており、発見したときはすでに心肺停止状態だった。

その翌年、黒部警察署に異動してしばらく経ったとき、この遭難者の遺族や山岳会の仲間が供養にやってきたので、私が現地まで案内した。考えてみると、私が黒部警察署に来る縁になったのが、この事故だったような気がする。

黒部の山や谷は二〇〇〜三〇〇メートルの断崖絶壁となっているところが多く、厳しい救助活動になることも珍しくない。また、スムーズな救助活動を行なうには、山小屋をはじめ黒部峡谷鉄道、関西電力、建設会社など、地元の山の関係者とも信頼関係を築いていかなければならない。そのためには隊員として現場に行くだけではなく、ふだんからの地道な活動が必要不可欠となる。

黒部警察署への異動が決まったとき、隊長からは「頼んちゃあー」と言われた。その短い言葉には、いろいろな意味が込められていると思っている。今、私が黒部で仕事をさせてもらっているのも、「そこでがんばれ」という隊長の無言のメッセージなのかもしれない。

ここ黒部警察署での勤務もすでに一年以上が経過し、隊の仲間をはじめ家族や山小屋関係者ら、多くの人たちに支えられていることを改めて実感している。

自分の存在意義を考えると、やはりまだ辞めるわけにはいかない。求められるかぎりは、山岳警備隊員としての責務を果たしていきたいと思う。

「おかげさまです」の救助活動

山田智敏——富山県警察本部生活安全部地域課　一九七〇年、富山県出身

夏山警備中の剱沢にて

朝、もたれた腹をさすりながら、山々を見上げる。

「朝ピッカリは崩れる（朝焼けになると天気は崩れるという意味）」——早月小屋からメリット一〇〇の無線通話が聞こえるようだ（メリットは無線通信の通信感度のレベル。通常は五段階だが、非常によく聞こえるときに冗談でメリット一〇〇と言っている）。

剱沢の警備派出所は例年七月中旬ごろオープンし、十月の体育の日の連休のころまで開設する。この間、警備隊員は交代で剱沢に入り、夏から秋山の警備に当たる。

起床は毎朝だいたい六時ごろ。六時半にラジオ体操をして、七時ごろ朝食をとる。

警備派出所は野営管理所と診療所の建物といっしょになっていて、管理所のスタッ

フが毎日食事を作ってくれる。

食事後は、隊員の人数と天候次第でパトロールに出たり、派出所で待機したり。隊員数は少ないときは一、二人、夏のハイシーズンなら五、六人。人数が少ないときは待機となり、ある程度余裕があれば数人がパトロールに出る。

パトロールは二人一組で行なうが、今は登山者が集中する別山尾根方面のパトロールが中心となっている。その際に必ず立ち寄るのが剣山荘。多くの事故の第一報が届けられる最前線の山小屋である。「剣山荘から～」という無線が入ると、救助要請でなくともドキッとすると同時につい臨戦態勢となってしまう。

剣山荘は建て替えられてだいぶきれいになった。それだけ登山者のニーズも変わってきているということなのだろう。ヘルメットのレンタルをいち早く始めたのもこの小屋だ。

かつての小屋の玄関横には飲み物を冷やすための水が出ていて、現場に向かうときは小屋前を走り抜けながらこの水をガブッと飲んでいくのが恒例だった。救助が終わっても、ここまで戻ってきてこの水を飲まないと、現場が終わった気分になれなかった。

午前中のパトロールを終えたら、剱沢に戻って昼食をとる。私が常駐隊員だったころは食に恵まれた。剱沢管理所、室堂の立山センターの絹子さんには大変お世話になった。食卓に着くメンバーは変わらず、食材も限られるなか、毎食趣向を凝らしたメニューをつくるのは、並々ならぬ苦労があるだろう。

そういえば映画に出ていた山盛りの肉団子スパゲティをつくってもらったこともあった（注・『ルパン三世　カリオストロの城』）。アイスや刺身を担ぎ上げた隊員もいる。切り出した孟宗竹を室堂から担いでもらって、管理所前で流しそうめんをしたときには、本峰から下りてきた登山者に笑われながらも、歓声が上がっていた。一見バカげているが、なにかおもしろいことはないかといつも真剣に考え、実践していた。今、若い隊員には、「バカげていても考えろ。やってみろ。それが現場に行ってどこまで無心になって救助活動ができるかに反映されてくるんだよ」と言っている。

剱岳に見守られながら、静かに、ときに賑やかに、昼のひとときが過ぎてゆく。

夜間の救助活動

昼食後は、剱沢をベースに登山指導をすることが多い。今の若い隊員は、積極的に登山者に声掛けをしているようだ。

今は剱沢でも問題なく携帯電話が通じるようになったが、私が常駐していたころはまだ通じなかったので、長らく留守にしている家族と連絡をとるために、剱御前まで上がってメールをチェックした。「御前までパトロールに行ってきます」「トレーニングで御前まで走ってきます」と言う隊員のその手を見ると、必ず携帯電話が握られていた。

夕方になると、剱澤小屋へおじゃまし、小屋の主人がルートを説明したり山岳ガイドと会話をしたりするのに聞き耳を立てる。まわりにはなにもない山小屋である。街の感覚から抜けられない宿泊者の無理を聞き、体調不良者をケアし、到着の遅い登山者を双眼鏡で探し、バリエーションに出た登山者を心配する。小屋やライフラインの整備は当然、自分たちでまずはなんとかしなければならない。山小屋にはさまざまな知識と技術と気配りが必要とされる。

「山ではなにがあるかわからん。気をつけろ」

友邦さんからの諭しが自分の警備隊員としての基本である。

山岳ガイドも多く訪れるので、いろいろな情報を聞かせてもらうにはいい場所である。

消灯後、発電機を止めるため外に出た隊員が、下からこちらに向かってくるヘッドランプを発見する。「こんな時間に……」との不安が当たり、負傷した登山者が診療所を訪ねてきた。チンネで転落したらしい。派出所で談笑していたドクターに取り次ぎ、再び発電機を回す。

ケガ人は肘から手首までの皮膚が大きく三角に裂けていた。

「これは縫合して下ろしてあげないと」

ドクターの診断で自分たちの行動が即座に決まる。

室堂や剱沢で警備に当たっているときは、いつ救助要請があるかわからないので、どんなときでも対応できるように常に警戒を怠らない。車のエンジンに例えれば、常にアイドリング状態である。

すでに山小屋は消灯し寝静まっている。そこで一回だけ室堂警備派出所に無線を入れ、あとは衛星電話での連絡に切り替える。勘のいい剱御前小舎のスタッフが待機してくれるはずだ。ちょうどTVの取材班が入っているときだったが、伝えにくいだけの時間的・人員的余裕がない。

診療所では治療が始まった。大型懐中電灯を両手に持ち、ドクターの手元を照らす。

「先生、麻酔が見当たらないよ」

「仕方ない、麻酔なしでやるか」

数人がかりでケガ人を壁に押し付けるようにして押さえ、ドクターが何針も縫合していく。見ているほうが目を背けたくなるが、ケガ人も必死で耐えている。ほどなくしてきれいに包帯が巻かれ、処置が終了した。登山者にとってもわれわれにとっても、診療所の十全山岳会（金沢大学医学部山岳部のOB会）のドクターは頼もしい存在である。

さて、ここからが自分たちの本番である。室堂警備派出所の隊員と時間を調整し、背負い搬送を開始する。剱御前小舎からこちら側は剱沢の隊員でやる、という暗黙の了解というか意地がある。室堂の足の速い隊員なら五十分を切って剱御前小舎まで来るはずだから、それまでに着こうと力が入る。ヘッドランプの明かりで足元をしっかり照らし、早めのピッチで交代し、声を掛け合い剱御前小舎を目指す。

期待通り、剱御前小舎では常夜灯の玄関にお茶を用意して受け入れてくれた。いいタイミングで室堂の隊員に引き継ぎ、ぽつんと明かりの点いた剱沢に引き返す。

明かりの灯る我が家に帰るのはとても安心感がある。五月の国見岳でカルデラ側に迷い込んだボーダーを迎えにいったときは、日没でホワイトアウトになったものの、室堂警備派出所が入る立山センターでは建物中の照明をつけて待っていてくれた。日没間際に防災ヘリで遭難者を救助して空港に帰ってきたときも、煌々《こうこう》と輝く防災航空隊と警察航空隊の格納庫を見てほっとしたものだ。

そんな明かりの灯る剱沢では、丸山分隊長がお風呂と焼きそばを用意して待っていてくれていた。すでに日付は変わっているが、丸山分隊長の焼きそばを食べておけば、たとえ朝食前の現場であっても全力で出動できる。そんな現場が一シーズンに何回かある（ないときの方が多かったりもする）。

翌朝、もたれた腹をさすりながら、深夜の焼きそばをちょっと後悔しつつ、朝の山々を見上げる。

「皆さん、様子が変ですけど、消灯後に何かあったんですか？」

取材中のＴＶスタッフが怪訝そうな顔で尋ねてくる。事の顛末を知り、非常に残念そうであった。

受け継がれる救助の精神

山岳レスキューというと、「イコール山岳警備隊」という見方をされがちだが、救助を成し遂げられるのは、われわれとともに救助活動に当たってくれる人たちがたくさんいるからだ。これは富山の特殊性だと思うのだが、山のなかに大規模な交通機関があり、山小屋があり、ダムがあって、そこで大勢の人たちがそれぞれの仕事に従事している。その人たちが、なにかあったときには力を出し合い救助活動に当たる。その姿には、山で働く者の誇りを感じる。

若い隊員には、テレビや本などを見て山岳警備隊員を志し、富山県の警察官になった者も少なくない。彼らは彼らなりに一生懸命やっている。ただ、おいおい経験を積んでいくうちにわかってくると思うのだが、レスキューというのはそれほどカッコイイものではないし、現場の隊員だけでも完結するものでもない。われわれの仕事は、担いでなんぼ、引っ張り上げてなんぼの部分だ。そのへんはきっちりとできるようになってほしいと思う。

また、レスキューされる側の方は、ケガなどをして痛い目に遭っていたり、あるいは亡くなってしまっていたりするわけである。そういう人たちの気持ちも考えられるようにならないとダメだ。レスキューをやって満足しているだけでは、ひとつ足りないように思う。

富山の山岳警備隊は、芦峅寺の立山ガイドの方々に救助方法を教わって成り立ってきた部隊であるが、ただ遭難者を救助するだけではなく、遭難者やその家族に対する思いやりやケアといったところまで学んできた。

たしかに隊の救助技術は年々向上しているかもしれない。だが、その根底には芦峅寺の方から受け継いできた救助の精神が流れ続けている。それをこれからも引き継いでほしいと願っている。

立山曼荼羅「三ノ窓地獄」

湯浅真寿――富山県生活環境文化部自然保護課　一九七〇年、北海道出身

訓練料理地獄

訓練や救助現場で剱岳・北方稜線の三ノ窓を訪れるとき、私は成就することなく人知れず終わった初恋のような、甘酸っぱくもほろ苦い記憶がよみがえる。

いや、決してそんなノスタルジックなものではない。あの夏山訓練の三ノ窓食当テントは、甘い香りなど微塵もない、単に食べ物が腐ったような酸っぱい匂いで満ちていた。さながら小林多喜二の『蟹工船』の厨房のように……。読んだことがないので、あくまで勝手なイメージではあるが……。あるいは、あまりに凄惨な光景として立山曼荼羅に描かれることもはばかられた、「三ノ窓地獄」の阿鼻叫喚！

私の妄想的かつ被虐的なイメージはこのくらいにしておこう。トラウマが大きすぎて枚挙にいとまがない。

新人として迎えた初めての夏山訓練。この訓練は三ノ窓に定着してクライミングを中心に行なわれる。ベースの三ノ窓までは二日間の行程だ。

先輩の指示で四五キロに設定したはずの私の荷物は、想定外（単に入れ忘れただけ！）の水や食料で出発時には五〇キロになっていた。

入山は白萩川取水口から赤谷尾根の高巻きルートへ。スタートしてたったの一〇メートルで「この息の上がり方はなんなんだろう？　夢であってほしい」と願わずにはいられない。この先の長い行程を思うと、絶望で目の前が真っ暗になった。

雷岩からのきつい坂では、パンパンに張り詰めたふくらはぎが今にも破裂しそうだ。顔面の穴という穴からは、汗なのか涙なのか鼻水なのか、得体の知れない液体が絶えず噴き出してくる。歩きながらズボンがどんどんずり下がる半ケツ状態を、恥ずかしいと思う余裕はまったくなかった。

翌日の池ノ谷左俣では、もう足は上がらなくなって、不用意なアイゼンワークに「死にてーのか!?」と先輩の檄とピッケルがいっしょに飛んできた。叱りつけながらもなぜか嬉々としている先輩たちの顔が、かえって恐ろしい鬼のように見える。ほんまもんの「ドS」とはこういうものだと、背筋が凍る思いがした。

地獄のような二日間を耐え抜き、ボロ雑巾状態になった体でたどり着いた三ノ窓。そこでわれわれを待っていたのはさらなる地獄だった。われわれとは野中、平野、木村（寛）と私の、食当四人のことである。

この訓練では、訓練参加隊員二十四人全員分の食事を、食当テントで一括して作り、個人の食器に盛り付けまでして配膳するという、先輩たちにとっては上げ膳据え膳の食料計画が立てられていた。

われわれの六、七人用食当テント内は、富山の総合ディスカウントストア、PLANT―3で購入に丸二日間もかかった大量の食材でほとんど占領されている。よくぞここまで担ぎ上げたものだと感心すらしてしまう。われわれはその狭いスペースで、二十四人分もの料理を作らなければならないのである。とにかく量がハンパでないので時間もかかる。ただでさえ狭くて効率が悪いのに、四人のなかで手際がいいといえるのは平野隊員ぐらい。木村隊員に至っては、完全に戦力外だった。

日がな一日料理を作り続けているような感覚。夜は疲れ果てて、狭いテントで身を寄せ合って泥のように眠った。暗闇のなかで頭のなかを、尾崎豊の『卒業』がスローテンポで虚しく流れ続けていた。このときはまだ「反逆のカリスマ」を崇める反骨精神はあったのだ。

訓練は天候に恵まれず、雨ばかり続いた。そもそも梅雨のど真ん中なのだから仕方ない。クライミングがメインのこの訓練は、当然のごとく連日の「沈」となった。

暇を持て余した先輩たちの要求は、日に日にエスカレートしていく。テント越しに「おーい！　何か食べるものくれー！」「水がないぞー！」。水は雪庇を伝う雨の雫を、鍋や空の一升瓶でかき集めた。まるでヤミ金のとりたてのように、わずかに水が溜まったそばから容赦なく（？）回収して回るのがわれわれの日課となっていた。

そんな生活が数日も続くと、われわれの反骨精神は完全に奪い去られ、暴風雨のなかを「使いっぱ」として先輩たちのテントをかけずり回ることに、喜びさえ覚えているのだった。

たまにわれわれのテントを訪れてくる先輩もいた。大江先輩は入口から顔だけ覗かせ、「このテント、生ゴミのニオイがするぞ！」とひとこと。労《ねぎら》いの言葉ひとつなく、匂いの感想だけを告げて去っていった。なにがしたかったんだろう？

テント内は雨の浸水と乾く暇もないカッパによって常にビチャビチャに濡れてお

り、食品衛生上絶対によろしくない菌が繁殖しまくっているのは誰の目にも明らかだった。幸か不幸かわれわれの様子を気にも留めない後輩思いの先輩たちは、そんな状況を知る由もなかった。そして、そんな劣悪な環境で作られる食事を、先輩たちは疑いもせずに食べていたのだ。いや、われわれは食べさせていた。今だから告白するが、われわれには確実に「未必の故意」があった。

言い訳に過ぎないが、人間は追い込まれると開き直っちゃう生き物なのです！

幸い食中毒になる者もなく訓練は無事終わったが、この食当四人はその後「訓練料理の鉄人」と呼ばれ、当時のことは今もことあるごとに話題にのぼる。当初はあまりにむごい訓練体験から多くを語りたがらなかったわれわれも、年月とともに心の傷が癒え、今は語部《かたりべ》として後輩たちに伝承していく責任を感じている。

「訓練中に食中毒なんてあり得んでしょう！　基本以前の問題だよ！（笑）」

鼻で笑い飛ばしながら後輩たちを指導するわれわれ。自分たちのことは棚に上げて……。

置き去り地獄

描かれなかった「三ノ窓地獄」がもうひとつある。

平成二十一年三月一日。積雪期訓練真っ只中のわれわれは小窓尾根にいた。丸山、山田、小藥、私の四人である。

事故発生の一報を聞いたのは、順調にルートを進め、馬ノ背からマッチ箱に取り付こうとしているときだった。事故の概要は唐松岳山頂付近から登山者が滑落し、行方不明になっているというものである。とにかく、今いる不安定な場所ではヘリでのピックアップもままならない。事故現場への投入も視野に入れ、われわれは先を急ぐことにした。

小窓ノ王からの下降に手間取り、三ノ窓に着いたときには、あたりはすっかり暗くなっていた。その晩は三ノ窓に幕営し、明日は本峰を経由して一気に早月小屋を目指すことにする。

翌朝、本峰に向けて出発し、池ノ谷ガリーに入ったところで馬場島から無線が入った。

「救助活動につき訓練は中止！　三ノ窓に戻って現場との無線中継に当たられたい！」

訓練中止は仕方のないことだった。今は救助活動に全力を尽くすしかないだろう。われわれは三ノ窓に戻り、さっき撤収したばかりのテントを再び設営した。

われわれの任務は無線中継だが、ときたま天候報告を送るだけで、基本的には待機するしかなかった。無線からは、悪天候による地上部隊の厳しい状況が伝わってくる。県警ヘリや消防防災ヘリもフライトし、救助活動は陸と空からの総力戦となっていた。

そんななか、われらが丸山班長は、得意のオヤジギャグとお決まりの超適当発言で、救助に悪戦苦闘している隊員たちに向け、決して届くことのない独特のエール（？）を送り続けるのだった。

救助活動が終わったその日の朝、われわれは県警ヘリで馬場島に空輸されることになった。訓練を再開したい希望もあったが是非もない。不完全燃焼で非常に残念な下山だった。丸山班長も「春までここに居りたい！」と残念そうだ（は、春まで？　なんでそんなに長く？）。先輩の不可解な発言に私は首を傾げたが、先輩の本意が、山が好きだからなのか、それとも下界にもどって仕事がしたくないだけだったのかは、今はもう確かめようがない。

われわれを回収する県警ヘリは、その後しばらくしてフライトすることになったが、肝心の天候が怪しい。天候は明らかに下り坂だ。

第一便で丸山班長と小藥が搭乗することになり、まもなく二人は回収されていった。

二人を見送り第二便を待つ間、いよいよ視界が閉ざされ風が強くなっていく。それでも何とかギリギリでヘリに搭乗し、頭にヘッドセットを装着してひと安心したのも束の間、ん？　機体が浮上しない！　するとヘッドセットからは聞いたこともない高橋パイロットの焦った声が聞こえてきた。

「ヤバイッ！　ヤバイッ！」

（えー？　なにがー？　出川哲朗かよー！）

私はパニックになりながらも、心の中でツッコむことを忘れない。しかし、ツッコんでる場合などではなかった。私は必死に手を合わせてお祈りするのみ。なす術がないとはこのことなのか？

続けて高橋パイロットの怒鳴り声が聞こえてきた。

「降りてもらえっ！」

その声が聞こえたや否や、私は機外に突き落とされていた。

われに返ってみると、身につけている装備は、ジャックから抜けたヘッドセットのみ。コードが虚しくビョーンと伸びて揺れていた。唯一手元に残された装備が、防寒用の耳当てくらいにしかならないなんて！　絶望的な状況ではあったが、それでもなんとか気を取り直して、なにもないよりはよっぽどましだと思い込むことにした。

私はこのとき、「絶望」という言葉の本当の意味を知るとともに、頭のなかをAKB48の『Everyday、カチューシャ』が流れる……ことはなかった。曲の発売はこの二年後のことだからだ。

直後、頭上の機体から、私の荷物と山田隊員が無事（？）降ってきた。

ヘリが墜落しなかったことだけが救いだった。

それにしても、えらいことになったもんだ。置き去りにされたことは仕方ないが、テントはすでに第一便で馬場島に降ろされている。幸い食料と燃料は分散して携行していたが、何日も持ちこたえられる量ではない。そしてここは標高二七〇〇メートルの極寒の三ノ窓。

私と山田隊員は途方に暮れたが、こんな状況をちょっとだけ楽しんでいる自分もいた。見ると、山田隊員も同じようにほくそ笑んでいる。こうなったら、またとない真剣ビバークを楽しむしかなかった。

人間は追い込まれると開き直っちゃう生き物なのです！

テントがないので雪洞を掘り、まさかとは思いつつも食糧と燃料を分けて持っていたため、意外に燃料に余裕があることがわかって、急に太っ腹になった二人。寒さにまかせて雪洞内を無理矢理暖めようと、やたらと燃料を消費し続けるのだった。

夜はなにもすることがない。会話もない。いや、「馬場島では、俺らがどんな会話をしてるんだろう？　って盛り上がってるんだろうなあ」という会話を繰り返した。

その夜は不思議とよく眠れた。

次の日は、朝から夕方まで雪を踏んでヘリポート造りに励んだ。二人でただ黙々と、明らかにムダにクソ広いヘリポートを無心で踏み続けた。いや、私は無心ではなかった。早く止めたいとずっと思い続けていた。でも私には、いつまでも雪踏みを止めようとしない山田隊員に「もう止めよう」とは言えなかった。なぜなら、山田隊員が怖かったから……。

夜はまた二人で「馬場島では俺らの話題で盛り上がってるんかなぁ？」という会話を繰り返した。

その夜も不思議とよく眠れた。いや、過酷な雪踏みの疲れが出ただけだと思われた。

置き去りにされてから二日後。今日回収されなかったら、「勝手に二人で本峰をまわって早月尾根を下山しよう！」と話していたところ、ヘリはフライトし、あっけなく私たちは馬場島に下山した。

馬場島では丸山班長から、先に搭乗してしまったことを何度も謝られた。ほんとうに後輩思いの優しい先輩でした。

これをもって二つの三ノ窓顛末記は終わりとするが、「地獄」とは少し大袈裟だったか。

でも、置き去り事件の当事者が私ではなく、E媛県出身のK児島大学卒業のK川君だったとしたら……。きっと自ら舌を噛み切っていたことだろう。想像するだけでも恐ろしい「地獄」だと思いませんか？

最後に「警備隊あるある」短歌をひとつ。

「たわむれにザック背負いて　そのあまり重きに泣きて　三歩歩まず」（出発前に上市署の駐車場で荷物がどのくらいの重さになったか面白半分でザックを背負ってみたら、予想に反してあまりの重さに愕然として、これから始まる訓練が思いやられ、不覚にも涙してしまうとともに、出発前のこんなところで余計な体力を消耗してはならないという自己防衛本能が働いて三歩も歩くことができなかった）。

遭難救助の断章

小薬《こずい》正義
――富山県警察本部生活安全部地域課　一九七三年、埼玉県出身

山と対峙する仕事を選んで

まだ山岳警備隊員になる前、アルバイトをしながら山に登っていた、ある年の秋のこと。

懸垂下降一ピッチで、谷川岳一ノ倉沢二ノ沢本谷に下り立った。猫の額ほどの場所で足踏みすると、グラリとスタンスが崩れ落ちた。崩れた岩塊は散弾のように破裂し、大伽藍の奥壁に反響してものすごい音を立てながら落ちていった。私はパートナーにコールをするのも忘れて、呆然とその光景に見入っていた。

ふと視線を移すと、不自然なものが目に入ってきた。その場からは近づけないような滝下の釜のなかに、人が横たわっていたのだ。身体の一部が失われているようで、死体だということがすぐにわかった。山で遭難者の遺体を見たのは、このとき

が初めてだった。これから行なう登攀への興奮と、目の前にある死への恐怖が入り混じって、妙な気分であった。

登攀を終えて下山してきたのち、水上の派出所へ行き、当時の谷川岳警備隊の馬場保男隊長に山中で見た遺体のことを報告した。数日後の新聞には、谷川岳で単独登山者が墜死体で発見されたという記事が小さく掲載されていた。ひとりで登山することにこだわっていたころだったので、亡くなった方がどのような想いでルートに向かったのかが気になった。このまま登山を続けていれば、自身もいつかはこうなってしまうのかもしれない。それでも「危険だから止めよう」という考えはまったく湧かなかった。むしろ、これからは「もっと真剣にやらなければ。いい加減なことはできないな」と、俄然、思ったのだった。

一流の登山家は、生と死の分岐点に立つとき、つまり「死」に近づくことによって「生」の輝きが増すという。比較するのもおこがましいが、山中でふとしたときに湧き上がる家族や友人の顔、日常生活への感謝と悔恨なども、同様に「生」への傾斜となって表われているのかもしれないと思うことがある。

気がつけば、いつしか「そんな現場で活動してみたい」「これからも山と向き合っていたい」と思うようになっていた。山岳警備隊を志したのは、「人命救助をしたい」という崇高な使命感からではなく、正直言って「山と真剣に対峙したい」という不純な動機からであった。

その活動の舞台は、剱岳がある富山県以外には譲れなかった。学生のころ、国内唯一の山岳指導者養成所である文部省登山研修所（現・国立登山研修所）で研修を受けたとき、そのスケールの大きさに圧倒されたのが剱岳だった。以来、私のなかでは剱岳が日本一の山となった。

初めて臨んだ富山県警察の面接試験では、「山岳警備隊で仕事がしたい」と答えて不合格となった。翌年の面接試験では「富山県の警察官になりたい。できれば山岳救助の仕事に携わりたい」と答え、晴れて警察官になることができた。

希望がかなって山岳警備隊員を拝命したのは平成十六年四月のこと。ふだんは交番で勤務する兼務隊員で、事故、火災、変死など、ほぼ日常的に死体を扱うことの多さに驚いた。先輩は「すぐに慣れる」と言ったが、「慣れるのではなく、平気になっていく」ということがやがてわかった。巡回連絡先などで玄関に山の写真が飾ってあると話題がはずみ、お茶やお菓子をいただきながら長時間話し込むことも少なくなかった。山岳警備隊員だということで、交番の仕事でもずいぶん得をしたように思う。

一方で山のほうは、定期訓練と山岳警備、個人山行などで年間七十日ぐらいは入山していた。山に行けるのはありがたいことだが、その間は犯罪検挙や交通取締等の警察業務ができないことになる。入山前には先輩隊員と協力し合い、非番や休日を利用して執行実績を上げてから山に行くことも多かった。

山岳警備隊員として初めて接したのは、薬師岳を中心とした黒部川源流域の山々だった。雪と岩の殿堂・剱岳とはまったく対照的な山容で、圧倒的な体積と匂うような常緑、そして黒部源流の瑞々しさに溢れた山域であった。臨時警備派出所がある太郎平小屋から眺める薬師岳は、深田久弥の記す「永遠を感じる……」という表現がまさにぴったりだった。

遭難対応では、私以外の先輩たちが元常駐隊員と機動隊出身のベテラン隊員という万全の陣容で、なにがあっても対応できるという恵まれた環境だった。

ある重傷事故が起きたとき、当時は五人だった所属警察署の隊員全員で現場対応することになった。上空のみ視界が効くため、ヘリで標高二三〇〇メートルの太郎平まで運んでもらい、そこからヨーイドンで現場へと走った。先輩の背中を追いかけながら、なんとか遅れを取らずについていって遭難者と合流。途中で休憩もとらずに交代しながら担ぎ下ろして、速やかに救急車へと引き継いだ。午前中に召集され、終了後にはみんなで昼食に蕎麦を食べて帰路についた。現場対応の早さと、一連の円滑な救助作業の流れに、チームワークの魅力を感じた。その魅力の源は、なにより個性ある有能な先輩が揃っていたことであった。

平成十九年四月には、ヘリコプターの墜落事故という特異な救助現場も経験した。山小屋の関係者らを乗せたヘリがガスに包まれて方向感覚を失い、小屋の近くに墜落したという事故である。ヘリで現場に向かったわれわれは、ダウンウォッシュで新雪が巻き上がって視界が利かないなか、小屋付近に直接降下した。着地した瞬間、雪面の傾斜がわからず、バランスを崩して倒れ込んだ。夢中で現場に近づくと、墜落したヘリの前方部に乗員の二人が横たわっていた。二人とも凍りついていて、身体の損傷の程度が墜落時の衝撃の大きさを物語っていた。

この事故ではヘリコプターの回収作業にも当たったため、処理が終了するまでに長期間を要した。天候が安定した五月に入ってから、雪に埋まったヘリコプターを人力で掘り起こし、流れていかないようにロープで固定した。テントで寝泊まりしながらの数日間、ずっと除雪に明け暮れた。

その後、事故処理がすっかり片づいたと思われた夏、遺族から預かった石板を墓石の代わりに墜落現場に安置してきた。山で家族を亡くした遺族の想いに触れた気がした。

常駐隊員時代の遭難事故

平成二十年には上市警察署に異動となり、常駐隊員を命ぜられた。全国広しといえど、たった四人しかいない山岳救助専属隊員のひとりになったのだ（当時は四人しかいなかった。現在は八人）。そのときの震えるような気負いは今でも思い出せる。

その年のゴールデンウィークは、剱岳の馬場島で警備に就いた。小雨のなか、社会人山岳会の第一陣が小窓尾根から剱岳を目指して入山してきた。言葉を交わすだけで経験豊富なパーティであることが伝わってきて、入山中の天気予報等を伝えて見送った。

その後も多くの登山者が入山してきたが、二日後、「早月尾根の獅子頭で登山者ひとりが表層雪崩に巻き込まれて転落し行方不明」との一報が入ってきた。ヘリで現地へ搬送された私は、池ノ谷右俣のど真ん中に降下した。雪崩のデブリ末端中心付近で、うつ伏せに横たわる人を発見し、声を掛けたが返事はない。体を仰向けに起こそうとしたときに、思わずはっとした。体がゴムみたいにブヨブヨした感触だったからだ。雪崩に五〇〇メートル以上流されてきて、体中の骨がバラバラになっていたのである。ただ、顔はまるで寝ているかのようにきれいだった。その顔に触れながら状態を確かめていると、記憶が蘇ってきた。それは間違いなく馬場島で最初に言葉を交わしたパーティのひとりだった。二日前には笑って会話を交わした人を、遺体収納袋に梱包しながら考えた。あのとき、なにか言い足りなかったことはなかっただろうかと。

平成二十二年のゴールデンウィークは荒天の連休となった。いわゆるメイストームが吹き荒れ、中部山岳地帯では多数の遭難者を出した。

このとき、私は標高二七〇〇メートルの剱御前小舎臨時警備派出所に入っていた。ここは剱岳を望む絶好のビューポイントだが、荒天時は収斂された強風の通り道となる。その日の日中は小屋から一歩も外に出られず、登山者もみな小屋で停滞していた。

しかし、「荒天で登山者が動いていないから事故も起きないだろう」と安心しているときにかぎって、事故の一報が入ってくる。男性三人、女性ひとりの四人パーティが源次郎尾根から退却中に、ひとりが低体温症で行動不能に陥ったとのことであった。

「よりによってこんな日に行動したら、低体温症になるのも当然……」という思いを抑えながら出動準備を整え、現場へと向かった。

剱澤小屋のすぐ近くまで下りていくと、強風が複雑な動きをする剱沢のなかほどにツエルトがはためいていて、その下にひとりだけ取り残されたように遭難者が横たわっていた。「仲間はどうしたのだろう」と思った。離れた場所にいた、たぶん彼らも限界に達していたのだろう。

遭難者の意識レベルはまったくなく、手袋を外して測っても脈が取れなかった。しかし体は凍っていなかったので、急いでテントのなかに隔離して保温・蘇生措置を行なった。吹き下ろしの強風で作業が妨げられ、無線交信もまともにできないなか、日没後まで蘇生措置を行なっていたが、やがて遭難者の硬直が始まり、やむなく蘇生措置を断念した。

その後、山岳ファーストエイドの研修会に参加したときに、ある条件下で適切な高度医療を受診できれば、発症後十数時間経過した重度の低体温症患者でも、救命の可能性があるということを学んだ。このときの条件下では極めて困難だったと思うが、遭難者と合流直後には消えかかるかすかな体温を感じ取ったような気がして、今でも複雑な思いが残る。

平成二十三年は、我が人生のなかでも忘れようのない年となってしまった。雪山ではめっぽう強い先輩隊員が、積雪期訓練中に殉職したのである。その年は、事故が発生した日から春先まで不思議と雪が降り続いた。雪が安定する四月になって、隊員六人で池ノ谷左俣に先輩を迎えにいったのだが、六メートルも雪を掘らなければならなかった。掘り出した先輩の顔が汚れないように、「ちょっと申し訳ないです」と言って自分が頭に巻いていたタオルを顔にかけた。そのときに素手で触れた顔が、「ヒャッ」と口に出しそうになるくらい冷たかったのには驚いた。あの感触は忘れることができない。

平成二十四年には、国内でも最難の沢のひとつとされる称名川ザクロ谷核心部で遭難事故が発生した。現場は私自身も前年に挑戦して突破できなかった場所だったので、困難な救助活動が予想されたが、隊長自ら現場で指揮をとり、水量や気象条件が味方してくれたおかげで一日で救助を終えることができた。しかし、亡くなった遭難者はまだまだ生きなくてはならない将来ある大学生であった。

国立登山研修所で行なわれる大学生リーダー研修会には、講師として携わったことがたびたびあった。この研修に参加した学生は、世界の山への視野と夢が一気に広がっていく。なぜなら講師陣は国内でも第一級の登山家たちで、教える技術も知識も最先端のものだからだ。私自身がまさにそうだった。目の前がパッと開けた学生当時の昂奮を思い出す。

しかし、研修所では昂ぶった若者たちに忘れてはならないことも教授する。それは「防御なくして実践はなし」。研修所は、山で命を失わないために、また仲間を失わせないために、防御を教える場所でもあるのだ。ザクロ谷で亡くなった学生は、研修を修了した生徒だった。

「研修所でいったい何を学んだんだ」

彼の遺体を収納袋に梱包しながら、私の胸は虚しい思いでいっぱいになっていた。若さゆえの情熱は御しがたいものなのか、残念なことにその後も研修修了生が山で命を落としている。

この年の年末年始にかけては、実力ある社会人山岳会のパーティが剱岳で全員行方不明となる遭難事故が起きた。われわれは早月小屋に常駐し、一日に何度もアマチュア無線で彼らをコールしたが、空しい沈黙だけが続いた。遭難が決定的となってヘリによる捜索が始まり、電波受信機を使って幾度も遭難場所の特定を試みたが、発見することはできなかった。

遭難者がようやく姿を現わしたのは、雪解けが急速に進む六月に入ってからのことだった。大雨後の奔流と融雪による雪渓の崩落が、池ノ谷や白萩川を削り取るように流れ、その水が引くと同時に遺体の一部が少しずつ見つかっていった。大岩がガチンガチンと音を立てながら流れていくような激流のなかを流されていくのだから、遺体がバラバラになってしまうのはやむを得ないことだった。

発見された遺体の頭や胴体は、流れに洗われて一様にツルツルになっていて、ほとんど同じように見えた。顔形も一見しただけでは見分けがつかず、河原の石や岩、流木などとほとんど同化していて、すぐ隣を歩いていても見落としてしまうほどだった。上空から不自然に舞い降りるカラスの動きや臭いを手掛かりに、体の一部が発見されたこともあった。

警察による捜索終了後も、仲間たちの捜索は長々と続いた。池ノ谷ゴルジュから日本海にまで至る、気の遠くなるような捜索である。「遺留品を発見した」という報告があるたびに、頭の下がる思いだった。最終的に、「業」とも思えるその捜索を、遭難者の仲間たちはほとんど完遂した。それは彼らの団結力というよりも、ひとりひとりの執念の結束のように思えた。

平成二十五年は、六年間におよぶ常駐隊員生活最後の年となった。この年は、真砂岳で発生した雪崩により七人が亡くなるという大きな遭難事故があった。

事故当時、私は室堂での勤務に就いていて、三人いた常駐隊員のなかでは責任者的な立場であった。事故が起きた日は稀に見るいい天気となったが、前日までは数日間荒天が続き、多量の降雪が記録されていた。降雪後の晴天、多量の新雪、休日、初滑りのスキーヤー……。山を知る者なら、誰でも雪崩に注意が必要なコンディションだということを理解するはずである。

胸騒ぎを感じ、積雪状況を確かめるために日の出前に雪を一メートルほど掘ってコンプレッションテストを行なうと、思ったより均一に積もっていた。更に室堂山まで行って実際に滑降してみたが、悪くはない。急斜面を横切っても伝播して響くような崩れ方をしなかったので、「大丈夫かもしれない」と自分を納得させた。室堂ターミナルの情報板には、ここ数日間の降雪状況と、「雪崩に十分注意！」とだけしか明示しなかった。

そして事故は発生してしまった。第一報を聞いたときは、驚くよりも「ああ、起きてしまったか」と思った。どこかで予期していたような受け止め方だった。

関係先に連絡を済ませたのち、民間救助隊員らに協力を求めて現場へと向かった。しかし、ここでさらに判断を誤ってしまう。現場まで最短のコース取りを選んだのだが、そこは谷地形になっているため、大量の新雪が積もって腰まで潜るラッセルとなったのだ。冷静に考えれば容易に気づくことだった。気ばかり焦り、遅々として進まない。結局、現場に到着したのは、ヘリで搬送されてきた隊員のあとになってしまった。雪崩に巻き込まれた遭難者は全員、大規模なデブリに全身埋没しており、現場を目撃した人にいち早く掘り出された埋没者も助からなかった。

悔やまれてならないのは、なぜ降雪状況を都合のいい判断に差し替えて、注意喚起を促す機会を自ら閉ざしてしまったのかということだ。事故後、積雪期の遭難防止活動は県を巻き込んでの大きな社会問題となり、新たな施策を生む結果となった。また私にとっては汚点となった事故であり、また常駐隊員を降りる転機ともなった事故であった。

受け継がれる芦峅寺ガイドの精神

平成二十六年からは警察本部地域課の山岳係に異動となり、主として現場隊員をバックアップする立場に変わった。

山に住んで雲の流れを見る、空気の湿り気や臭いを感じる、動植物の動きで山の変化を予測する——そうしたことはなくなってしまったが、違う形で救助現場に携わることができるようになった。それは、救助ヘリの搭乗要員としての救助活動である。

今、警察本部地域課の山岳係は、富山空港の一角にある県警察航空隊と同じ建物内に机を並べており、遭難救助に向かうヘリはここから飛び立っていく。つまり、山岳警備隊の一員として、そのヘリに搭乗して現場に向かうことが多くなったのだ。

先ほどまでデスクワークの事務仕事をしていたのに、いきなりヘリで北アルプスの三〇〇〇メートルの稜線まで運ばれるわけである。最初のうちは調子が狂うこともあった。非常に不謹慎なことだと思うが、山に行きたくなると「どこかで現場がないかなぁ」と密かに願ってしまう。現場で活動していても「もう迎えにこなくていいから。そのままここに置いといてくれ」と、冗談混じりにパイロットにお願いしたりする。

とはいえ、救助の基本は背中で担ぐことであり、それは今も昔も変わることはない。登山道を駆け上がって現場へ向かい、遭難者を背負って下ろしてくる隊員には、ズルをしているようで、大変申し訳ないとも思っている。

平成二十七年には「迎えにこなくていい」という願いが、ちょっと違う形で叶えられた。三人パーティのひとりが、立山カルデラ内で落石を受けて手に重傷を負ったときのことである。

その日は微妙な気象条件で、午前中に一度ヘリが現場進入を試みたが、ガスに閉ざされてしまい、いったんは待機となった。夕方になって、この日最後のフライトという条件で再び現地へ向かい、雲の合間を見つけたパイロットが果敢に現場へ進入した。二人を順次、機内に収容し、最後のひとりをピックアップするために降下した直後、周囲からガスが流れ落ちてきて視界が閉ざされてしまった。ヘリは機体保持のためその場から緊急離脱し、かねてから望んでいた状況になった。

ただ、想定とは違っていたのは、私が丸腰だったことと、遭難者パーティのひとりが残されていたことだった。しかも、そのひとりというのはドイツ人である。最後にピックアップするはずだったそのドイツ人が大きなザックを持っていたので、私がそれを担ぐつもりで自分のザックは機内に置いて、ファーストエイドキットだけを持って現場に降下していたのだ。これが最後のフライトだったから、もう今日中にはもどれない。現場はわかっているし、天気も持ちそうなので、「まあ大丈夫だろう」と腹を決め、その日は二人でビバークすることになった。

先にピックアップされた仲間のうち、ひとりはそのドイツ人男性の奥さんで、もうひとりのケガをしたほうは知り合いだった。どちらも日本人なので多少なりとも日本語は齧《かじ》っているのだろう、私が話すことはほとんど理解してくれた。彼の話はしばしば要領を得なかったが、どうにか意思疎通はできそうだった。

夜は彼が持っていた残りのワインをご馳走になりながら、いろいろな話をした。聞けば室堂から穂高までスキーで縦走したり、剱岳の北方稜線もスキーで縦横に縦走したりと、かなりの登山経験があるようだった。

ふと気になって「登山届は出しているのか」と尋ねたら、「そんなものは出さない。ドイツでは登山は自己責任で行なわれている。本人の意思で完結するのが当然だ……」というような答えが返ってきた。「さすがゲルマン民族、そのとおり！」と同調しそうになったが、さすがにそうは言えないので、「それは困る。日本で登山を続けるなら、家族のためにも必ず登山届を出してくれ」と釘を刺した。それに対して、彼はこう言った。

「今回は妻がプランを提出している。おかげで私たちは助かった。日本の救助は素晴しい。ドイツでは雲のなかからヘリが飛んでくることはない」

その後も彼の山の話は尽きず、なかなか休ませてくれなかった。

これもたくさんあるなかの救助活動のひとつであったが、万国共通の登山の魅力と、外国人をも惹きつける北アルプスの魅力を再発見できた、楽しい出来事でもあった。

ところで、富山県警察山岳警備隊は「日本一」と形容されることがたびたびある。名誉なことだが、肩を小さくすぼめたくなるような、直視できない思いがするのもまた事実だ。

ある若い隊員が言っていた。「憧れる先輩、尊敬する先輩がいつの時代にもいて、それを目指してやってきた」と。たしかに私にも、超人かと思えるような先輩たちがいた。しかし、その先輩たちの上にも、やはり同じような存在がいたのだと思う。そう考えると、「日本一」はどこから始まっているのだろう?

そもそも、山岳警備隊は発足当時から芦峅寺の立山ガイドから教えを請うてきた。それは単に山の技術だけでなく、登山者に対する接し方、遭難者とその家族への対応など、山で遭難者を救助するために必要なすべてであった。

日本の近代登山の黎明期は、その立山ガイドによって支えられていた。日本山岳会発足時の探検的登山が始まる明治時代から、各大学山岳部が初登頂を競う大正・昭和にかけて、案内役として先頭に立ってルートを切り拓いたのが立山ガイドだった。当時の立山ガイドは、間違いなく日本一の存在だったと思う。

その立山ガイドを育んだのが剱岳だ。剱岳では芦峅寺の多くの優秀なガイドが命を落としており、剱という山で生きていくためには必然的に高度な技術や知識、装備などを身につけなければならなかったのではないだろうか。つまり、山が立山ガイドを日本一にさせたのであり、逆の言い方をすれば、剱岳こそが日本一ということになる。

芦峅寺の方には叱られるかもしれないが、その伝統が受け継がれて熟成した最終段階が山岳警備隊の発足時にあたるのではないかと思っている。

山岳警備隊も隊員の殉職など負の歴史を抱えている。山で生きていくためにはこうした痛みを忘れることなく、古人から脈々と引き継がれてきた伝統を継承し、新たな時代の要請に対応することで、初めて名に恥じない部隊に成長できるのだと信じている。

遭難救助活動と英語の能力

谷本悠基——上市警察署　一九八二年、滋賀県出身

とくに取り柄もない私だが、人から「特技はなにか」と聞かれたときに、なんとか唯一挙げることができるのが「英語」だ。四歳のころから約四年半、父親の転勤に伴いアメリカはカリフォルニア州に住んでいたので、今でも日常会話程度の英語力は残っている。

「カリフォルニア」というと垢抜けた印象があるかもしれないが、私たち家族が住んでいたのはカリフォルニア州南端のメキシコとの国境沿いにある、海から車で二時間以上離れた砂漠のなかの小さな田舎町だった。

現地の保育所に入れられた当初は言葉がわからず戸惑ったが、幼稚園に入ってからは少しずつ英語が話せるようになった。逆に家族と話す日本語のほうがおかしくなったらしく、心配した両親に日本語の通信教育を嫌々受けさせられた。母親にたびたび怒られながら漢字を覚えたり、絵日記を書いたりしていたことを今でも思い

出す。

とにかく家では日本語、外では英語という生活を数年間続けたことにより、一定の英語力を身につけることができたのだった。

小学校四年生の夏に日本に帰国したのちも、大学生のころまでは洋書を読んだり、授業をサボって外国映画を二本も三本もハシゴしたりしながら、ある程度の英語力は維持していた。とはいえ、英語を話す機会はほとんどなく、ごくたまに道を聞かれたときに答える程度だった。つまりインプットはしていたが、アウトプットはまったくないという状況である。そうしているうちにいつしか、言われていることはわかるが、喋るとなると簡単な単語も思い浮かばず、口も回らなくなっていた。そもそもふだんから日本語すらろくにしゃべっていないクライ人間なので、英語となればなおさら話せなくなった。

大学卒業後は民間の会社に就職したが、一年で辞めてしまい、三年間フリーターをしながら消防士になろうか警察官になろうか考えていた。体を動かすのが好きで、大学のときにはトライアスロンや水泳をやっていたので、そういったことを活かして、なにか人の役に立てる仕事をやりたいと思ったのだ。そんなときに山岳警備隊の存在を知り、常駐体制が敷かれている富山の警察官試験を受けたのである。

願いがかなって平成二十三年に山岳警備隊員になり、平成二十七年からは常駐隊員として三六五日、山に関わる仕事に携わっている。

常駐隊員になってみると、立山・剱岳周辺を訪れる外国人観光客や登山者に対応するため、交番勤務をしていたときよりも英語を使う機会が増えた。そのほとんどは、ケガをしたり病気になったりした人の対応や落とし物の届出受理などだが、「大町の方に抜けるにはどうしたらいいのか」「扇沢まで歩いていきたいんだけど、登山道の状況はどうですか」というような相談もちらほらある。海外登山を経験している何人かの先輩隊員もそれなりの英語を話せるが、ちょっとややこしい説明をしなければならないときなどには、私にお呼びがかかる。

そのなかでもとくに印象に残っているのが、平成二十七年五月十一日に起きた、アメリカ在住のトルコ人男性スキーヤーの行方不明事案である。そのトルコ人男性は、三カ月ほどの滞在予定で日本にやってきて、国内をあちこちまわりながらバックカントリースキーを楽しんでいたらしいのだが、雷鳥沢キャンプ場に滞在中、テントを張ったままどこかに姿を消してしまったのだ。

雷鳥沢野営管理所から「数日間張ったままの無人のテントがある」との届出を受けて捜索を開始したわれわれは、管理台帳から行方不明者がトルコ人であることを割り出し、途中まで当事者といっしょに行動していた知り合いに連絡をとった。また、キャンプ場のほかの登山者からも聞き込み調査を行なった。幸いだったのは、トルコ人がいろいろな人に話しかけていて、多くの人たちの印象に残っていたことだ。

それらの話を総合すると、どうやらこのトルコ人はイスラム教徒のようで、射水市内にあるモスクで礼拝をするため、いったん下山した、という線が濃厚になった。そのモスクの管理者に話を聞いてみると、果たして彼はそこで目撃されていることが確認された。最終的に電話で本人と話ができたので、捜索は中止となり、後日再入山した際に室堂の派出所に立ち寄ってもらうように伝えた。

数日後、そのトルコ人が室堂にやってきて、当日、勤務に就いていた私がつたない英語力で対応することになった。歳のころは四十代後半から五十代前半ぐらいだろうか。ひとりで来日し、雷鳥沢では日本の知り合いといっしょに幕営していたが、知り合いは先に下山して、その後はひとりで残っていたという。

このトルコ人が、またよく喋る人だった。「遭難していない私がなぜ捜索されていたのか」「どうして警察に私の居場所がわかったのか」「どうやって調べたのか」などと、彼はまくし立てるように訴えた。警察に捜されたことが、とても不自然に感じたらしい。こちらは「Um-hum」「Right」「Of course ……」などと返すしかなかった。

といってもとくに変な人というわけではなく、私の話を聞かないようなこともなかったので、私も使い慣れていない英語で、彼に納得してもらおうと一生懸命説明した。

大まかに言ってしまうと、彼の言い分はこうだった。

「まさか捜されるとは思ってもいなかった。新潟の黒菱山に行ったときは、人なんかほとんどいなかったし、テントを放置したままいなくなっても誰にも気づかれなかった。なんでここは特殊なんだ？」

それに対して私は英語で次のように答えた。

「ここ立山は国立公園ということで整備・管理されているエリアだから、テントを張ったまま人がいなくなればすぐにわかるし、遭難していると困るから捜すんですよ。別にあなたの個人情報を集めていたわけではありません」

なにしろよく喋る人だったので、自然とこちらも会話量が増え、三十分近く英会話が続いたと思う。最終的にはこちらの事情も理解してもらえたので、ホッとした。もしこれが無口な人だったら、事情聴取は難航していたかもしれない。

後日、先輩からは「谷本は日本語よりも英語のほうがよく喋る」と言われてしまった。もともとあまり喋らないほうなので、そう映ったのだろう。事実、言葉はすらすら出てこないが英語のほうが馴染みがあるし、外国人を相手にしたほうが気後れはない。逆に先輩と話をするときのほうが、ビビって気後れしてしまうところがある。

英語を使えることが、山岳遭難救助にどれほど有用なのかはわからない。下手に英語が上手な人よりも、下手でも身振り手振りを交えて積極的に伝えようとする人のほうが、コミュニケーションが成り立つという経験を何度もしている。なので「特技が英語」ということに大した意味はないのだが、「帰国子女」という肩書きがついてしまっている以上、中途半端な英語力では頼りないな、とも思う。

今後、外国人の登山者や観光客が増えてくれれば、このトルコ人のような事例ももっと増えてくるのかもしれない。彼らが事故に遭ったときに、話を聞けないというのでは困るし、日本の山のなかでも特殊な剱岳の登山条例を、ちゃんと英語で説明できるようにもしておきたい。そういったことを考えると、やはり最低限の英語のやりとりはできるようにしておくべきだろう。

これからは山岳救助で使える実践的な英語も身につけて、その英語力を活かす機会に備えておきたいと思っている。

第4章　思い出に残る遭難救助

前剱での脊椎損傷事故

松井貴充——上市警察署　一九八〇年、富山県出身

前剱大岩付近で事故発生

時代の変化か要請か、近年は山岳遭難事故現場でのわれわれ救助隊員の遭難者対応について、とくに医療分野からの関心が大きく高まってきている。国内での山岳医療の活発化、野外救急法の浸透など、理由はいろいろ想起できるが、これはわれわれ山岳警備隊員にもプレッシャーとなっている（決して悪い意味ではない）。従来は「いかに迅速に医療機関に搬送するか」が主な責務だったが、これに加え現在は遭難者に対する「誤りのない初期評価」「適切な応急処置」についても関心が高まり、ときに関係者の議論におよぶこともあるようだ。

登山者だけでなく、社会全体の意識変化、権利意識の向上が、私が感じるこの潮流の一因になっているのかもしれない。応急処置に関する責任追及ではないのだが、

北海道積丹岳における救助活動に関し、公訴が提起されたことからもそれが見て取れる。

「そんな時代になってきた」と言えばそれまでだが、救助側であるわれわれには「なすべき事の優先順位」を、現状に応じて判断する能力、そして判断の下地となる各種経験と知識の習得が、適正救助のため今後よりいっそう要求されてくるものと思われる。いずれ、「一生懸命がんばった」だけでは通用しない場面が出てくるのかもしれない。

二〇一五年の夏、剱岳前剱付近で発生した山岳ガイドの転落・脊椎損傷事故の際、われわれはストレッチャーを使用して別山尾根を二日がかりで室堂まで搬送した。剱岳から室堂までの通称「フル搬送」は、年に一、二回程度行なわれており、そう珍しいことでもないのだが、ストレッチャーによる搬送はおそらく過去において例がないものと思われる。

以下に、本事案の概要と現場活動、そして搬送状況を振り返り、その考察について記したいと思う。

遭難者はガイド業を営む六十五歳男性で、五人の中高年女性のクライアントを率いての剱岳登山を計画し、八月二十九日に馬場島から入山。この日は標高二二〇〇メートル付近の早月小屋に宿泊した。

翌三十日は午前九時に小屋を出発。剱岳本峰に登頂したのち、前剱大岩付近を下降中の午後二時三十分ごろ、先頭を歩いていたガイドがなんらかの理由により転落。突然遭難者が見えなくなったことから、後方を歩いていたクライアントらが周囲の捜索を開始したところ、約一〇メートル下の登山道上に遭難者のものと思われるザックを発見した。

その後、前方に居合わせた別パーティの登山者が、登山道上に横たわる遭難者を発見し、剣山荘に携帯電話にて救助を要請した。

なお、滑落した瞬間は誰も目撃しておらず、事故の詳細については不明。岩の上で滑ったのかつまずいたのか、事故要因についてもわかっていない。

事故当日の天候は風雨が強く、ほとんどのパーティは登山活動を中止していた。クライアントを連れたガイドだったら、ふつうは行かないだろうという天気で、実際にほかのほとんどのガイドは山小屋に停滞するか、室堂に下りるかしていた。

雨の剱沢

この年の夏山は、例年以上に好天の日が続いたが、九月目前ともなれば秋雨前線や台風の影響を受け、山の天気は例年同様すっきりしない。八月三十日も午前中から風雨が強く、剱澤小屋やテント場の多くの登山者は登山を控えている。派出所の警備隊員も、外に出られないことから所内で思い思いの行動に耽っていた。

七月中旬から続く剱沢の応援警備体制も縮小され、常駐の私と小高、応援の香川さんと大瀧の四人となった。夏山警備体制は明日でいったん終了し、応援隊員の二人は明日をもって下山となる。私は待機室の無線機前に陣取り、来月行なわれる予定の黒部川上ノ廊下での秋山訓練の計画について思いを巡らせていた。久しぶりの沢での訓練。うーん、楽しみ……。

「剣山荘から剱沢警備隊」

静かな所内に突如、遭対無線が響く。剣山荘の友明さんからだ。一瞬、「以前はよく功磨さんから無線入ってたなー」と感慨に耽る。時刻は午後二時三十四分。

のんびりモードの所内が緊張感に包まれる。始まりはいつも突然だ。予想どおり事故の一報だった。

無線機からは「前剱頂上付近で事故発生。男性一名が転落し、意識はあるが背中の痛みを訴えている」との状況が伝えられる。無線入電とともに待機室に集まる隊員たち。雨音は強く事務所の窓を叩き、裏の丘に設置した吹流しは激しくたなびいていた。

「こんな日に行動するなんて……」

遭難者は四肢を動かせず、歩行不可能だという。

矢継ぎ早に事情聴取を終え、室堂警備派出所に受理状況およびこちらの救助方針を伝え、ただちに全員出動準備に取り掛かる。遭難者は脊椎損傷が疑われ、搬送には充分な配慮が必要と思われた。

事務所に必要装備品をありったけ広げ、各自パッキングを進めるなか、必然的に私の目は装備置き場上段のロールストレッチャー（バーティカルストレッチャー）に向けられる。

「うん、使いどきだな……」

今、剱沢の隊員は四名。香川さん、小髙は力も充分、いちばん若い大瀧も最近は動きが読めるし体力も期待できる。

「よーし、持っていこう！」

オレンジ色の袋を素早く引きずり出し、小高に携行を依頼する。

ストレッチャー（スノーボート）を雪渓上で使うことはわれわれの十八番《おはこ》であるが（劔・立山連峰周辺は夏でも雪渓が多い）、今回は果たしてどうなるか……。

通常、バーティカルストレッチャー（垂直吊りできるストレッチャー）は岩壁や都市型の救助の使用を想定した装備である。とりあえず持っていくだけ持っていって、使用適否は現場状況確認後に判断することにしよう。

香川さん、大瀧には、剣山荘でのお湯補給（保温パック）のため先行してもらう。準備も整い室堂に出発の無線連絡を入れ、午後二時五十七分、小高とともに無人の派出所をあとにする。

風雨のなかの救助活動

勝手知ったる道を現場へ急行する。天候は相変わらず悪い。一服劔周辺では東大谷側から強風が吹きつけ、夏の暑さに慣れた体に寒さが堪《こた》える。薄着で来たことを後悔しつつも先を急ぐ。武蔵のコルからの急登を荒い息遣いで登り切り、前剱大岩の屈曲点に差し掛かる。

カーブを左上したところで、人の姿が目に入ってきた。よく見ると、数人の女性登山者がツエルトを被って風雨をしのぎながら、登山道上に横たわる男性を心配そうに見守っている。

「山岳警備隊です。遭難者ですかー？」

と大声で確認すると、「はい、そうです」という答えが返ってきた。軽く息を整え、現場到着の無線を室堂に入れる。時間は午後三時三十五分。

事故現場が前剱上部でないことに多少安堵するも、強風に飛ばされないように必死でツエルトを押さえている同行者らの表情が、現場の困難さを端的に表わしている。風雨は依然激しく、遭難者だけでなく同行者も低体温症となる危険性が高い。日没まで時間的ゆとりもない。

遭難者の状況は、バイタルは確認できるものの、意識清明とは言い難く、こちらの質問にかろうじて頷くことができる程度で、目も開けられない。着用しているヘルメット前頭部は大きく凹み、転落時の衝撃の大きさが伺える。そして届出情報どおり、遭難者の体はどの部分も動かない。やはり脊椎損傷と見て間違いなさそうだ。

昨今、山での医療活動についての造詣は深まり、遭難者への手厚い対応はもはや常識になりつつあるが、最善の救助活動は画一的に決定することはできない。「脊椎損傷者はストレッチャーを使っての水平移動が好ましい」とされるものの、すべてを総合的に考えて判断する必要がある。

私の目には、今回の遭難者は瀕死の容態に映っていた。できればいち早く医療機関へ搬送したい。ただし搬送に際し、瀕死の遭難者にこれ以上の負担は掛けたくない。

スピードを取るか、手厚い処置を取るか——判断の決め手は、剣山荘までの距離と室堂からの応援隊員の存在だった。

幸い安全圏である最寄りの剣山荘までは距離が近く、ストレッチャーを使ってもなんとか真っ暗になる前に運び込めそうだ。室堂からの応援隊員もこちらに向かってきてくれているという。もし室堂まで夜間搬送になったとしても、そのままの梱包で継続できるし、遭難者への負担も少ない。今回はストレッチャーの使用が妥当な救助・搬送方法であると判断した。

ストレッチャー搬送の方針をメンバーに伝える。みなふたつ返事で同意を示すと同時にそれぞれ搬送準備に取り掛かる。

長ければ、室堂までの長時間搬送となる可能性もあることから、防寒・保温・衝撃対策を随所に施した梱包を完成させる。確保用ロープも設置し、搬送態勢は整った。さあここからが本番だ！

遭難者の同行者五名を先に剣山荘へ下山させ、午後四時二十九分、われわれも気合を入れて搬送を開始する。

武蔵のコルまでの前剱下降路は、急なガレ場が続き大きな浮石も多く、剱岳での事故多発地帯となっている。ここを上部からのロープで確保しつつ、バランスをとりながら慎重に下っていく。除々に手馴れてきたところでややスピードを上げ、ストレッチャーを動かし続ける。搬送開始直後に遭難者は首の痛みを訴えていたが、今は大丈夫そうだ。遭難者への声掛けも可能な限り継続する。

武蔵のコルを目前にした午後五時八分、室堂から息せきかけつけた応援隊員四人（野中、谷本、若木、小竹）が合流し、搬送態勢は磐石なものとなった。

室堂までの道のり

午後六時二十一分、首尾よく遭難者を剣山荘に収容し、なにはともあれホッとひと息つけた。風雨に長時間打たれた隊員たちは、下着までびしょ濡れだ。それでも今後の搬送に備え、気合の入った表情は崩さない。剣山荘から差し出されたおにぎりやスープを、寒さを吹き飛ばすかのようにエンドレスにパクつく。山小屋の献身的サポートにはいつも頭の下がる思いだ。

今後の方針については、いつも頼りになる黒部市民病院田邊先生の指示を仰ぎつつ、上市警察署や警察本部地域課と検討した。その結果、本日の搬送はここまでとし、翌朝ヘリも待機させて救助活動を再開するという方針が決定した。脊椎損傷患者は安静状態にあれば、急激に状態が悪くなることは少ないという医学的見地が判断の決め手となった。

本日待機の決定に、隊員一同、肩透かしを食らった思いを抱きつつ（みな、その日のうちに下ろすつもりでいた）、すぐに頭を切り替え、翌日搬送に向けた準備に入る。

遭難者の衣服を脱がし、乾いた下着に着替えさせて布団に移す者、装備資器材を整える者……すべての作業を終えた午後九時二十三分、ようやくその日の活動は終了した。

ただし数人の隊員は夜通し交代で遭難者に付き添い、容態観察を継続する。遭難者の意識レベルは低いが、こちらの声は届いている様子だ。

翌朝は予報どおり雨の天気。標高の高い稜線付近には厚い雲が大きく広がり、下部は視界が通るものの、ヘリでの搬送は困難と見てとれる。

われわれはストレッチャー搬送の準備を整え、遭難者を丁重に梱包する。昨晩、遭難者には隊員が何度か温かいスポーツドリンクをスプーンで飲ませたそうで、昨日に比べ落ち着いた様子だった。顔色も多少はよくなっている。ただし症状に変化はなく、体は動かせないままだ。意思表示も依然として弱々しい。

「室堂までがんばってください！」と遭難者にも気合を入れてもらい、午前六時三十四分、剣山荘をあとにする。

搬送ルートは、安全性と雪渓利用を考え劔沢ルートを選択した。登りに多少苦労したものの（ただし雪渓上は非常に楽だった）、二時間程度で別山乗越に到着。劔御前小舎でいったん態勢を整え、雷鳥沢までの降下搬送を開始する。

別山乗越からの降下搬送に入るころには、こちらが事細かく指示しなくても、若手隊員は自分のすべき役割を理解し、自発的に搬送作業に当たるようになっていた。隊員全員の気持ちが同じ方向に向けられたときに醸し出されるいい雰囲気と一体感。私は安心して全体の安全監視を続けられる。

途中、馬ノ背付近で天気が快方に向かい、一度は消防防災ヘリが接近してピックアップを試みるも、突然の視界不良のため進入不可能となった。それでも班のなかに残念な雰囲気は感じられない。「こうなったら最後まで！」と、逆に士気が高まる。

雷鳥沢下部にて新たに二名の隊員が合流し、さらに磐石な搬送態勢となる。

雷鳥沢には午前十時十七分に到着した。私を含む剱沢の勤務隊員は、ここから剱沢にもどることになった。残り室堂までの区間は室堂の勤務員に任せ、今しがた下ってきた道を剱御前まで登り返す。疲れはあるが、足取りも気持ちも軽かった。

午前十一時三十分、遭難者は立山町消防隊が待つ室堂に搬送され、救急搬送ののち、芦峅寺からドクターヘリにて県立中央病院に収容された。ケガは頚椎損傷の重傷だったが、命に別状はなかった。

ストレッチャーによる搬送

今回使用したストレッチャーはロールタイプのもので、本来は都市型救助での水平垂直吊りや担架搬送を想定した資器材である。当然、一般登山道を長距離にわたって引きずるような使い方は想定されていない。救助活動後に点検したところ、背面の擦れはかなりのもので、致命的ではない変形もいくつか見られた。おそらくあと一、二回同じような使い方をすれば、壊れることは間違いないだろう。

そんな規格外の使い方でも、遭難者のためを思えば有効手段となり得ることもある。

救助活動そのものに関しては、気象条件の悪いなか、手厚くもよどみのない活動ができたと思っている。確保操作や搬送については特段トラブルもなく、初めてにしては上出来であった。皆、ボート搬送の基本が身についていたからなのだろう。

今回、課題として感じたのは梱包時間についてだが、これは経験を重ねることで大きく短縮されるだろうと楽観視している。

また、搬送スピードについても、大柄な遭難者だったことを考慮すれば、背負い搬送と比較して一概に遅かったとは断言できない。梱包作業同様、今後の工夫次第でより迅速な搬送も可能になるものと思われる。

正直なところ、ストレッチャーはわれわれにとってあまり馴染みがない。今回の搬送に、なんとなく「ぶっつけ本番」的要素があったところは否定できないが、ある程度の勝算があったことも事実だ。数日前にたまたま所内でストレッチャーを広げ、スリングとロープを結束し、救助タクティクスを研究していたため、ある程度の救助イメージは形成されていた（そういえば昔の剱沢では、先輩たちが自主研修を積極的に行なっていた。果たして今はどうだろう……?）。だから自然とストレッチャーに手が伸びたのだと思う。

時代、そして社会は常に変化と変革のなかにある。当然ながら登山技術も進化し、医療分野については素人の私から見ても目覚しい発展を遂げているように思える。救助装備や登山用具も「より軽い、より効率的な」新商品が毎年のように発売され、われわれの活動の大きな後押しとなっている。

それに伴って救助の型が変化することは必然であり、その変化を恐れず、むしろ自らがそれを求めることで、われわれの進化も約束されると思っている。

そうした意識は、私が携行しなかったKED（頚部と上半身の固定具）を当然のごとく現場に持って駆けつけてきた野中さんの姿からも明らかだし、数年前、自作の分割式ストレッチャーを開発した飛弾さんもまた然りだ。

ファーストエイド的観点以外でも、山岳警備に関するさまざまな工夫や前向きの姿勢は、そのほかの多くの隊員からも感じ取れるところであり、今後の山岳警備隊のさらなる成長に自信が持てる。

ただし、われわれが活動する山岳地帯には常に危険が付きまとう。そのなかでできることもあれば、現時点では無理なこともある。「できないこと」を無理して行なう必要はない。

大切なのは、よりよい判断、すなわち「妥当点（妥協点）」を決断する勇気と能力だ。これは、現場隊員に求められる最も重要な資質だと断言したい。その下支えとなるのが、「山を知ること」と「山岳警備への飽くなき探究心」なのだと思う。

偉そうなことをいろいろ書いてきたが、私自身、ほんとうは不精な性格である。しかし、やるからにはよりよい活動を追究し、高みを目指したい。自分自身のためにも、そして遭難者のためにも。

今後も、常に求める姿勢を崩さず、不断のモチベーションと熱意を持って山岳警備活動に取り組みたいと思う。

台風直下、黒部最奥からの陸上搬送

香川浩士——上市警察署　一九七七年、愛媛県出身

台風接近時の救助要請

富山南警察署が管轄する北アルプス北部地域の南側には、名峰薬師岳をはじめとして、黒部五郎岳、水晶岳、鷲羽岳といった日本百名山を多数有し、たくさんの登山者が訪れるエリアとなっている。この山域の登山口・折立から登山を開始し、登山の拠点となる太郎平小屋に達すると、東方には大パノラマが広がり、この黒部源流のエリアの広大さを充分に教えてくれる。その大パノラマのいちばん奥に鎮座する双耳峰が水晶岳である。

山岳救助の観点から考えたとき、この黒部源流エリアは劔岳周辺のような峻険な地形による危険度は低いが、とにかく奥深く広大であるがゆえ、ヘリコプターによる救助が大前提となる。救助活動の基点となっているのが太郎平小屋で、夏の登山

シーズン中には山岳警備隊員が配置される。

平成二十三年九月二十一日、この水晶岳から一キロほど南東側に下った稜線上の小屋、水晶小屋から救助要請が入った。高山病で動けなくなっている登山者がいるとのことだった。「北アルプス最奥」と言っても過言ではない水晶岳、ここからの救助活動は当然ヘリコプターを使って行なうことになるのだが、折悪く大型台風十五号が上陸して荒天が続いており、しばらく天候回復の見込みはないという状況であった。

さあ、どう救助する?

富山南警察署に着いたのち、署の責任者である佐伯小隊長と金山分隊長、若い牧野隊員とともに慌ただしく準備にとりかかる。ひとつ迷ったのが、現場までのルートをどこに取るかという選択である。岐阜県の新穂高経由のほうが早いという意見も出たが、普段まったく使っていない登山道でもある。最終的に、黒部源流エリアを知り尽くしている太郎平小屋の五十嶋マスターの「知り尽くしているルートから行け」とのアドバイスにより、富山県側の折立から救助に向かうことになった。

折立へ向かう車内で、隊員同士で会話を交わすうちに、不安が募ってきた。この薬師岳方面での過去の救助劇の武勇伝は、先輩隊員から伝え聞いていたが、黒部源流最奥ともいえる水晶岳から遭難者を陸上搬送したという話は聞いたことがなかった。

「水晶から担ぎ下ろしてくるのか……」

考えれば考えるほど不安が大きくなってくるが、隣の佐伯小隊長や金山分隊長はいつもとまったく変わらない様子で平然としている。すごい先輩たちである。

折立で、上市警察署からの応援隊員である松井常駐隊員、若手の折橋、宇野津両隊員と合流する。心強い応援だ。こうして台風直下の水晶小屋への出動となった。

出発時点ですでに昼を過ぎていたので、この日のうちにできるだけ現場に近づきたかった。濁流と化した登山道をものともせずに前進し、強い雨風に叩かれながら太郎平小屋に着き、情報を収集する。本署からは、台風十五号の影響を心配して、「無理な前進は控えるように」との助言があった。

一方で、遭難者がいる水晶小屋と直接遭対無線でやり取りできるようになり、事故の詳細がわかってきた。遭難者の女性は長野県側から入山し、体調の悪さを自覚しつつも無理して登山を続けたが、二泊目で重度の高山病により行動不能となり、救助を要請してきたのだった。水晶小屋のスタッフが献身的な看病を続けてくれているが、容態は悪く、その無線を通して「助けてほしい」と祈るような思いが伝わってくる。

処置に関する指示を無線で送り、われわれは薬師沢小屋まで前進することとする。太郎平小屋まで来るのにずぶ濡れになってしまったが、小屋でいただいたおにぎりやストーブの暖かさのおかげで体力もすっかり回復した。

薬師沢小屋には日没間際に到着し、この日の行動を終了する。遭難者と合流して搬送を開始する明日からが正念場だ。

翌朝、薄明かりのなか、小屋を出発する。台風十五号による悪天は依然として続いている。雲ノ平への急登をこなし、無線で水晶小屋に遭難者の容態を尋ねると、衝撃的な答えが返ってきた。

「SPO2は四〇パーセント台です……」

その返答に、一同顔を見合わす。SPO2とは、高山病チェックの際に重要な指標となる血中酸素濃度の値であるが、通常八〇パーセント台で高山病が疑われ、七〇パーセント台ではすぐに平地に下ろさなければならないとされている。その数値が四〇パーセント台だと聞いて、誰もが耳を疑った。「計り方が間違っているのでは？」と思い、計測方法等を確認して再度測定してもらったが、数値は変わらなかった。

遭難者が一刻を争う状態であることは明らかだった。雲ノ平から水晶小屋までは、ルートロス以外は難所もないので、足の早い者から先行することになった。風雨のなか、みんなが先を争って水晶小屋に走る。

チームワークが救った命

松井隊員が快足を飛ばして小屋に先着し、遭難者と合流した。その後も順次、後続の隊員が小屋に到着する。遭難者の顔を見ると、パンパンに腫れ上がり、まともに受け答えもできない。小屋の営業を続けながら、必死に遭難者の看病を続けていた水晶小屋スタッフにも疲労の色が濃い。一刻も早く遭難者を平地に下ろさなければ……。

ただちに防水・防寒対策を施し、酸素ボンベによる酸素吸入態勢を整え、背負いバンドを遭難者に装着する。出発準備は整った。

「水晶小屋から立山室堂。ただいまから背負い搬送を開始する」

松井隊員の無線を合図に、搬送が始まった。水晶小屋からは、遭難者のことを心配して、支配人が付き添ってくれることになった。台風による風雨は依然として続いている。連日の降雨で登山道の状態は最悪だ。しかし、転倒は許されない。当然である。今までの地道な訓練の成果が試されるのだ。

風雨に打たれながら、ひたすら長い登山道をたどっていく。ごろた石を踏みしめ、泥水を跳ね飛ばし、背負っている遭難者を励ましながらの搬送は続く。危険箇所では、上部からスリング等で確保しながら慎重にバックステップで下る。安定した場所ではテンポよくスピードを上げる。七人の隊員がそれぞれ役割を見つけ、まさに一致協力して突き進む。

折橋や牧野、宇野津といった若い隊員が期待以上のがんばりを見せてくれる。先は長いが、このメンバーならやれるかもしれない。この救助活動中、わずかながらも勝算のようなものを初めて感じ取った。

小屋を出て数時間後、雲ノ平山荘に到着した。ここで少し長めの休憩を取り、遭難者の容態の確認と隊員の栄養補給などを行なう。山荘では、なにも言わずとも受け入れ態勢を整えてくれていた。ひとつの命を救うため、警備隊員と山小屋のスタッフが一丸となっている。

一方で、遭難者の容態と天候は、相変わらず良くなる気配を見せない。平地の医師とも連絡を取りながら、とにかく今できる最善の処置を続けるしかない。

しばらく休んだのち、風雨のなかの搬送を再開させる。スリップに注意しながら雲ノ平の濡れた木道を通過すると、ついにこの搬送ルート中いちばんの難所が現われた。雲ノ平から薬師沢までの、標高差約四五〇メートルの急下降である。

ここはふだんからジメジメと苔むしているが、連日の降雨で登山道は小さな沢状となっていて、予想どおりコンディションは最悪であった。傾斜が急でかつ滑りやすいので、担ぎ手はバックステップとなるが、そうするとスタンスが見えなくなるため、直前に付いた隊員がスタンスを一歩一歩、指し示しながら下っていく。延々とこの作業が続くなか、転ぶ者は誰もいない。ギリギリまで高めた集中力とチームワークが、疲労の色濃い隊員の肉体を支えている。

四五〇メートルの標高差を一歩一歩進む、気の遠くなるような下降が終わるころ、応援に駆けつけてきた山岳警備隊員の姿が目に飛び込んできた。頼もしいかぎりである。ただ、時刻はすでに日没近かった。とりあえず遭難者を薬師沢小屋に収容し、警察本部地域課との協議等も経て、この日は薬師沢小屋に泊まることとなった。天候が回復してきているのが唯一の救いだ。薬師沢小屋の支配人をはじめとしたスタッフの方々の温かいサポートがなにより嬉しい。

遭難者の容態は変わらない。呼びかけても言葉は返ってこない。彼女にとっては、今夜が山になるだろう。できるかぎりの処置をしたうえで、容態急変に備えて遭難者のそばで眠る。まだまだ救助は終わらない。

三日目。台風一過の空は晴れわたり、遭難者は持ちこたえた。

朝イチでカベッケが原に遭難者を担ぎ上げ、県警ヘリ「つるぎ」を待つ。やがて「つるぎ」が飛来し、遭難者を収容して青空をバックに飛び立っていった。こうして、黒部最奥・水晶小屋からの陸上搬送による救助活動は幕を下ろした。遭難者は奇跡的に一命をとりとめ、一週間後には職場復帰を果たした。また、搬送時の転倒はゼロ、負傷者もゼロ。完璧に近い救助活動を完遂することができた。

この成功の要因はいろいろ挙げられるが、ひとことで言うなら、山小屋関係者や医療関係者などを含めた、この救助に関わったすべての人の「チームワークと情熱」に尽きるのではないだろうか。相互の信頼と実力に基づいた力の結集が、ひとつのかけがえのない命を救えたのだと思う。

　あれから四年が経った。今年も、晴れわたった夏の日の夕刻、多くの登山者が太郎平小屋の前の広場から黒部源流方面の大パノラマを見つめている。そのなかにはおそらく、太郎平小屋に常駐している山岳警備隊員の姿もあるはずだ。

　登山者の命を守るという任を負う君には、かつて、黒部最奥に黒く聳え立つ水晶岳の肩から背負い搬送での救助劇があったことに思いを馳せてほしい。そこでなにかひとつでも感じるものがあるのなら、この平成二十三年夏の救助に関わったわれわれは、素直に嬉しく思う。なぜなら、警備隊にとっていちばん大事な「救助魂」を、ささやかながらも次の世代にバトンタッチすることができた気がするからだ。

剱沢の長い一日

中村直弘――上市警察署　一九七四年、埼玉県出身

初めての夏山訓練

私が警備隊員になったのは三十一歳のときで、かなり遅いほうである。

四国の大学を卒業後、北海道で大学院に行き、卒業して五年ほどはアルバイトをしながら北海道の山に登っていた。しかし結婚して子どもができたため、「これはちゃんと働かなければ」と思い、せっかくならやってみたいと思っていた警備隊員を志した。年齢制限にはぎりぎり引っ掛からずにすんだ。

北海道に住んでいたときは大雪山のビジターセンターで働いていて、遭対協の隊員としてたまに遭難者の捜索なども行なっていたので、警備隊員になっても戸惑うようなことはなかった。また、多少なりとも山をやっていたことから、体力にもある程度の自信はあった。ところが、その自信は初めての夏山訓練でぽっきりとへし

折られてしまう。

隊員になって一年目の平成十八年七月、このとき私は初めて本格的な夏山訓練に参加した。他に類を見ない、全隊員が参加しての、約一週間に及ぶ合宿形態の訓練である。

一日目は馬場島から入山し、小窓尾根の末端をちょっと登って、一六〇〇メートル地点から池ノ谷に下りたところで幕営した。二日目は池ノ谷を詰めていって三ノ窓に出て、池ノ谷ガリーを登って池ノ谷乗越へ。そこから長次郎谷を下りて剱沢を登り返し、剱沢警備派出所に入った。まずこれがアプローチで、それからいくつかの班に分かれての本格的な訓練が始まるのである。

初日はとくに問題もなく一日を終えることができた。二日目も池ノ谷乗越まではなんとかついていけた。ところが、長次郎谷を一気に下りている最中に、急に足に力が入らなくなった。まるで生まれたての子鹿のように、足がガクガクしはじめたのだ。

「あれ、おかしいぞ。こんな経験は初めてだ。いったいどうしたんだ」

このとき担いでいた荷物の重さは約五〇キロ。あえて荷を重くするために、ザックの中には登攀具などのほかに生野菜もどっさり入っていた。その重荷と、長丁場の険しいコースにより、とうとう足が言うことをきかなくなってしまったのだ。

それでもなんとか歯を食いしばってついていったのだが、長次郎谷の出合まできたところでとうとう力尽きてしまった。そこから剱沢を登り返して剱沢警備派出所に入るまでは記憶も飛び飛びで、断片的にしか覚えていない。前に進みたいという意志はあっても、思いどおりに体が動かないのである。そんな状態になったことは、それまでの登山では一度もなく、これが初めての経験であった。

このとき新人隊員は私を含めて四人いたのだが、遅かれ早かれ全員が潰れたように記憶している。潰れた者には先輩隊員がひとりつき、うしろから怒鳴ったり蹴飛ばしたりしながら少しでも先へ進ませようとする。いわゆる典型的なシゴキである。

私についたのは、ふだんは笑顔が素敵な優しい先輩だったのだが、このときは仏が夜叉に豹変した。小突かれたり怒声を浴びせられたりしながら、這いずるように剱沢を登っていく私の頭のなかには、ただひとつの言葉しか浮かんでいなかった。

「なんでそんなに怒るの？」

どうにかこうにか剱沢警備派出所にたどり着いたときは、たぶん夜の八時ごろになっていたのだろう。真っ暗闇のなかにポツンと灯りがついている派出所に転がり込んだシーンが、この日の最後の記憶となっている。

一、二日目で新人四人が潰れたこともあって、当初予定していたロングラン訓練（軽い荷物を背負い、ワンビバークでバリエーションルートを登ってくる訓練）はお預けとなり、三日目以降は基礎訓練を行なった。細かいことは忘れてしまったが、長次郎谷を登って剱岳本峰に行き、平蔵谷を下ってまた武蔵谷を登り返す、歩くことに徹した訓練をした覚えはある。このときは潰れずにすんだが、雪と岩がミックスしたルートを歩いた経験がほとんどなかったので、「長いしキツイし危ないなあ」と思ったことを覚えている。また、下山する前には、実際の現場で遭難者を引っ張り上げてボートに乗せて搬送する訓練を行なった。

そして夏山訓練の最終日に待ち構えているのが、撤収時に雷鳥平から室堂への最後の登りを若手隊員が競争する「室堂ダービー」だ。ダービーといっても、大きな荷物を背負っているので走ることはできないが、最後の力を振り絞って室堂を目指すので、体力の限界まで追い込まれる。室堂に着いたとたん、崩れ落ちる者もいるほどだ。

ただ、この年はわれわれが警察学校を卒業してすぐの訓練だったので、最終日に卒業式が予定されており、先輩隊員たちより一日早く下山することになっていた。

「先輩たちがいないんだったら、今年は室堂ダービーもないだろう」

そんなアマい思いを持ってひと足先に剱沢をあとにしたのだが、雷鳥平に着くと、ひとりだけわれわれに同行していた先輩隊員が、「なあ、お前ら、先輩たちに申し訳ないと思うだろう」などと言いはじめた。この先輩隊員は、警備隊のなかでも一、二を争うぐらい優しい方なのだが、最後に言い放ったのが、「行けよ」という無慈悲なひとことだった。

「のんびり帰れるだろう」と思ったのは束の間の儚い夢であり、最後の最後でまたやっつけられてしまった。

この訓練中の出来事でいまだに覚えているのは、雷岩から小窓尾根の末端を登っているときに、五〇キロの荷物を背負ってゼイゼイ喘いでいたら、先輩隊員から「お前ら、五〇キロぐらいでフーフー言っているんじゃないぞ」と言われたことだ。それを聞いて、「いやー、とんでもないところに来ちゃったな」と思ったものだった。

実際に人を担ぐとなれば、五〇キロなんて軽いほうで、七〇、八〇キロは当たり前で、なかには一〇〇キロの遭難者を担いだ隊員もいる。今でこそ、「それはそうだな」と思い、若い隊員に同じことをエラそうに言っているが、一年目のときは「なに言ってるんだ」としか思わなかった。

先輩たちの凄さ、潰れてしまった自分への悔しさなどなど、とにかく強烈な印象ばかりが残る夏山訓練だった。大学時代に山には登っていたが、剱岳には登ったことがなく、このとき初めて「岩の殿堂」と言われる厳しい姿を間近に見た。剱岳の凄さに触れられたという意味でも、私にとっては非常に印象深い体験であった。

この厳しい洗礼を受けても、なんとか食らいついていったのは、夢を持って選んだ道なので、「こんなことで辞めるのは嫌だ」と思ったからだ。まして養わなければならない家族もいるので、背に腹は変えられない。なおさらがんばっていこうと思った。

その後も長年にわたって厳しい訓練を積んできているが、今のレベルで満足できるものではなく、まだまだ足りないぐらいだと思っている。もっともっと自分を高めていかなければいけないなあということは、毎回の訓練のたびに感じることだ。

今、当時とは逆の立場になって、若い隊員を鍛える側に回っているが、彼らに対しては「がんばれよ」「こんなことで負けんなよ」という思いで見ている。今どきの若者も捨てたものではない。悔し涙や鼻水や涎を垂らしながらも、お互い切磋琢磨しあって、われわれと同じことをやってきている。彼らにはまだまだ伸びしろがある。それを見て私も刺激をもらい、「俺も負けちゃおれんな」と思うのである。

前剱東尾根での救助活動

その初訓練から九年が経過した平成二十七年八月二十四日午前四時の室堂警備派出所。

「お〜い、そろそろ起きなよぉ」

同期の石川の声で目を覚ます。日付をまたいだ前の事案対応が終わり、床についたのが午前二時三十分ごろ。一時間半ほどだったが、すっかり寝入ってしまったようだった。

フラフラと蚕棚のベッドから下りると、なにやら事務所のほうが騒がしい。聞けば、源次郎尾根で滑落事故があったという。不覚にも私が熟睡している間に、携帯電話を通じておおよその事情聴取は済んでおり、すでに救助方針は決まっていた。劔沢警備派出所にいる小藥分隊長以下四名が出動し、その補完として（劔沢周辺でほかの事案があった際に対処できるように）、私と石川が劔沢へ配転することになった。

慌ただしく身支度を終え、午前五時十七分、室堂警備派出所を出発する。伸び盛りの中堅・石川が、ぐんぐんスピードを上げ雷鳥沢を駆け上がっていく。なんとか距離を離されないようにするものの、「まぁ、劔沢に行くだけだし」という思いもあって、いまいち足が重い。

午前六時四十二分、劔沢警備派出所に到着。この間、小藥班は早くも源次郎尾根に取り付き、捜索を開始していた。とりあえず派出所内に入り、残っていた大江分隊長と合流。劔沢野営管理所のスタッフが準備してくれていた温かい朝食をいただき、ひと息つく。

朝食をとりながら事案の内容を再確認する。その概要は、源次郎尾根を登攀していた三人パーティが、途中で行き詰まってしまい、同ルートを夜間に下降中、尾根の取付付近で五十代のリーダーが滑落し、シュルンドに転落したというものであった。同行者が最寄りの山小屋に携帯電話で一報を入れ、剱沢警備派出所に救助要請が出されたのが夜中の二時二十三分。とりあえず登山届を確認したら提出されており、そこに書かれている電話番号に電話をかけて、遭難者の仲間と連絡がとれたという次第である。

源次郎尾根の取付付近であれば、間もなく小藥班が合流するころだ。ところが、待てど暮らせど発見の一報がない。「どうしたのだろう」と、派出所内の三人で頭をひねっていると、午前七時七分、小藥班長から「前剱東尾根末端付近に、遭難者と思しき二名を視認した」との無線連絡がようやく入ってきた。

「前剱東尾根？　源次郎尾根じゃないの？　どーいうこと？」

ひと呼吸置いて、冷静に状況を確認する。どうやら遭難者パーティは、源次郎尾根と間違えて、平蔵谷を挟んで一本西に位置する前剱東尾根に取り付いていたようだった。

ただし、視認した登山者がほんとうに遭難者パーティなのかわからないので、万が一に備えて小藥班は源次郎尾根の捜索を継続し、私と石川が前剱東尾根へ向かうことになった。

途端に「よし、出動だ！」と、派出所内が色めきたつ。派出所内に置いてある登攀具などを選別し、必要なものをパッキングしていると、室堂から「消防防災ヘリ『とやま』がフライト予定。状況次第で隊員のヘリでの現場投入もありうる」という指示が入り、ヘリ搭乗も考慮してドタバタと準備を進める。

午前八時二十七分、消防防災ヘリがフライト。それと相前後して、私と石川が派出所を出発した。天気はそれほど悪くはなかったが、標高の高いところには雲が局所的にかかっていた。ヘリでの救助ができるかどうかは微妙なところだったが、現場へ向かう途中で「天候不良のためヘリは現場に進入できない」との連絡が入った。となれば、人力で救助するしかない。その方法を考えながら、現場へ走る。

平蔵谷出合でアイゼンを着け、石川とロープを結び、平蔵谷へと入っていく。雪渓の厚さに注意しながら谷の右岸、前剱東尾根の平蔵谷側側壁を捜索すると、出合から距離にして一〇〇メートルほど登り返したあたりで、こちらの呼びかけに反応が返ってきた。声の方向を見れば、急峻なルンゼの途中に二人の遭難者が立ち尽くしていた。

ルンゼの真下には巨大なシュルンドが大きく口を開けており、踏み抜き等の危険があるため、直近からの進入は不可能である。さらに五〇メートルほど平蔵谷を詰めて、雪渓と側壁が接している場所を見つけ、ここから取り付くことにする。

最優先すべきは、視認できる二人の救助である。石川と救助方法について話し合い、まずは現場まで私が進入したのちロープを固定し、ロープに自己確保を取って雪渓上まで引き上げることを確認する。

段取りが決まればあとは動くだけだ。すでに石川は淡々と強固な支点を構築している。これなら安心して現場に入れる。それぞれの役割に沿って準備を進め、互いの作業をクロスチェックし、不備がないことを確認して行動を開始する。

雪渓の縁を乗っ越し、側壁の岩と雪渓に両手足を突っ張るようにして進む。途中、ハーケンと立ち木で中間支点を取り、午前九時三十七分、男女二人の遭難者と合流した。やはりこの二人が救助を要請してきた遭難者であった。男性は七十代半ば、女性は六十代半ばで、大きなケガはないようだが、腰を下ろすことのできない小さな岩棚で七時間以上も立ち尽くしていたことから、疲労の色が濃い。リーダーは足下の大きなシュルンドの中に転落したとのことで、大声で呼びかけるも返事はない。

上空では再フライトしてくれた消防防災ヘリが旋回し、現場からの直接収容を試みようとしている。しかし、条件が悪いため、雪渓上でのピックアップに切り替え、作業が終わるまで付近で待機することになった。となれば、やはりこの二人の救助を優先し、シュルンド内の捜索は後回しにせざるを得ない。

ロープを固定し、遭難者のハーネスから固定ロープに自己確保をとり、私が付き添いながらひとりずつゆっくりと雪渓へと移動する。二人目も同様に進んでいくが、二人とも歩くのがやっとの状態だ。途中で、現場付近の天候悪化のため、消防防災ヘリがいったん空港にもどるとの無線が入ってきた。ほんの五〇メートルが遠いが、ここで焦りは禁物。今の作業に集中する。

午前十時二十三分、遭難者二人を雪渓の上まで引き上げた。すると、無線を聞いていた消防防災ヘリが、厳しい天候条件のなか、現場に再進入して収容を試みてくれるとのことで、心強いことこの上ない。

間もなくするとヘリの爆音が近づいてきて、平蔵谷出合方向から見慣れた赤い機体が姿を現わした。源次郎尾根と前剱東尾根に挟まれた急峻な谷間にもかかわらず、現場上空でピタリとホバリングを決める。何度見てもほれぼれする姿だ。すぐにホイストケーブルに繋がった消防防災航空隊員が降下してきて、遭難者二人を手早く機内に収容してくれた。無事、作業を終え、現場から離脱するヘリを、手を振って見送る。

さあ、次はシュルンド内の捜索だ。時を同じくして、源次郎尾根を下降してきた小藥班が合流した。先ほどの固定ロープを使ってシュルンド入口に接近する。

入口の大きさは、高さ三メートル、幅は一〇メートルほど。底までは光が届いておらず、奥からゴォーゴォーと水流の音が響いてくるが、どれほどの深さがあるのか判然としない。見える範囲では遭難者の姿は確認できない。上を覆う雪渓はそれなりに厚さがあり、崩落の危険はなさそうだが、絶対に落ちてこないという保証はない。天井のそこかしこから大粒の雨だれのように水が滴り落ちている。決して長居したいような場所ではない。

懸垂下降一回分（五〇メートル）かつ安全な範囲内で捜索を行なうこととし、まず私が懸垂下降でシュルンド内へと入る。一五メートルほど下降したところで、暗がりに慣れてきた目に、ルンゼ内に横たわる遭難者らしき人影を視認した。接近して遭難者を確認するが、すでに心肺停止の状態であった。

小藥分隊長以下、ほかの隊員に応援を要請し、手分けして準備を進めて引上げ作業を開始する。遭難者を平蔵谷出合まで搬送し終えたのが午後〇時四十分。三たびフライトしてくれた消防防災ヘリに遭難者を引き継いで作業は完了である。

午後三時五分、小藥分隊長以下六人、剱沢警備派出所に帰着。長い一日が終わろうとしていた。

背負い搬送の思い出

石川 仁――上市警察署 一九八一年、北海道出身

一〇五キロの恐怖

夏山遭難救助訓練が終わり、夏山警備が本格的に始まろうとしていた。平成二十五年七月十七日の水曜日のことである。

その日の昼飯前の午前十一時三十分ごろ、剣山荘から剱沢警備派出所に無線が入った。

「前剱の門付近で身動きできなくなっている登山者がいる」

当時、私は室堂警備派出所に詰めており、剱沢から事故の一報を受けて情報収集に当たっていた。どうやら剣山荘に通報してきたのは遭難者本人ではなく、通りがかりの登山者のようだ。そのこともあって、どうもいまいち状況が判然としない。

このときは夏山訓練が終わったばかりで、すでに本隊は引き上げていた。そのあ

とに始まる夏山警備に備え、二人の隊員が剱沢に、数人が室堂に残っていた。

要請を受け、ただちに剱沢から飛弾小隊長と山田分隊長が現場へと向かった。夏山警備前の手薄な態勢で出動要員が足りないことから、室堂からも宮田分隊長と私が出動することになった。遭難概要や遭難者の負傷程度がはっきりわからないので、装備を選ぶのに困ったが、とりあえず最低限のものを持って出発した。

また、剣山荘の若旦那と従業員の方にも出動していただいた。小屋の営業があるにも拘わらず、快く出動してくれることにいつも頭が下がる。

天候はあいにくの曇り空で、ヘリのフライトは見込めない。現場までは走って行くしかない。室堂平から雷鳥沢へ一度高度を落としてから、別山乗越まで急登を登っていく。「ゼェー、ゼェー」「ハァー、ハァー」と呼吸は乱れまくり、体は汗でぐっしょり、顔は涎だらだらで、行き合う登山者はわれわれの異様な姿に振り返ってこちらを凝視している。

別山乗越には午後一時二十分ごろ到着した。ここで剱沢警備派出所に立ち寄って追加装備を補充する宮田分隊長と別れ、私はそのまま黒ユリのコルを経由して直接現場へと向かった。このころには、先行した飛弾小隊長と山田分隊長、それに剣山荘のスタッフが遭難者と合流していて、無線でのやりとりによって事故の概要が徐々に判明してきた。

遭難者は五十三歳の単独行の男性で、前剱の門の鎖場で誤って転落し、左膝を負傷(結果的には靭帯の損傷だった)。携帯電話を持っていなかったことから、通りがかった登山者に救助を依頼したとのことだった。

別山乗越から先も長い。しばらくトラバースしてから一服剱を登り、すぐさま武蔵のコルまで下ったのちに、前剱大岩への急登にとりかかる。水も飲まずに、ひたすら駆け上がっていく。急登を登るにつれ、だんだんと太腿に乳酸が溜まってくる。息も絶え絶えの状態で前剱の肩を過ぎたところで、ようやく遭難者と合流できた。

「ご苦労さん。ありがとね」と、山田分隊長からの労いの言葉がかけられる。

今後の救助方針について話したところ、ゆっくりなら遭難者本人も歩けるというので、とりあえずは安全確保しながら自力で下りてもらうことにした。

それにしてもこの遭難者、ガタイがいい。というより完全なメタボ体型だ。失礼を承知で「体重は何キロですか」と聞いたところ、「一〇五キロです」との回答……。こ、これはかなりの困難が予想された。

遭難者は、行動を開始してしばらくは自力で下山していたが、やはり足が痛いのか、遅々として進まない。このペースで行くと、剣山荘に着くまでに日が暮れてしまうので、途中から背負い搬送に切り替えることになった。前剱の肩あたりで腰を下ろし、背負いバンドを遭難者に装着させようとした。ところが、遭難者の腹回りが豊か過ぎて、ベルトが回らず装着できない。仕方なくスリングでベルトを延長してどうにか装着させた。

「よし、さぁ背負いますか！」

ほかの隊員の顔を見回してみると、三人のなかで自分がいちばん若い。となれば、当然若い者から勇んで背負うのが警備隊魂。「私から行きます」と言って、最初に背負うことになった。

しかし、背負ってみて後悔した。

「おっ、重い！」

やはり一〇〇キロ超えは格が違う。背負っただけで多量の汗が吹き出てきて、ただ立っているだけでも消耗してくる。しかし顔色は変えない。「辛くても辛くない。重くても重くない」とばかりに、半ばやせ我慢の精神で背負うが、すぐに息が切れる。

続けて山田分隊長、飛弾小隊長と背負い手を交代するが、いずれの表情からもイライラしているのが伝わってきて、遭難者の体重に対する殺気が感じられるようだった。交代するときは「これ、どうなってるんよ」「なんでこんな重いのがこんなところに来ているんだ」と私に怒る。私に怒られてもしょうがないので、「まあまあ、がんばりましょう」と言うしかなかった。

岩場の搬送なので、交代できる場所は限られてくる。とにかくそこまでは頑張って背負い、交代できる場所で交代する。急斜面や鎖場では、ロープを出してほかの隊員が確保した。

小まめに背負い手を交代し、前剱大岩まで下りたところで、宮田分隊長が合流した。やはり遭難者の体格を見ると、顔が引き攣って目がまん丸くなっていた。

背負い手が増え、搬送スピードが上がるかと思われたが、背負われている遭難者が次第に苦しみ出した。負傷した左膝と、背負いバンドで締め付けられる腹が痛いようだ。時折、休憩をとりながら痛みが和らぐのを待つが、再び背負い出すとやはり痛み出すらしい。

そして私が背負っているときであった。痛みに耐え切れなくなったのか、遭難者は私の背中でのけぞるように暴れはじめた。体重一〇五キロの体が暴れるのだから、背負っている私の体も当然ふらつく。おまけにそこは、前剱大岩下の急な岩場であった。後方に引っ張られた私は完全にバランスを崩し、「危ない」と思って前傾姿勢になろうとしたときに、今度は急に体重がかかってきて、前屈みの状態で腰を「く」の字にバタンと折り曲げられて倒れこんでしまった。

その瞬間、私の腰から「バキッ」という鈍い音がしたと同時に激しい痛みが走った。あまりの衝撃に、「あ、折れたな。自分の警備隊人生はこれで終わったな」と思った。激しい痛みに涙が出るほどで、気づいたときには不覚にも我を忘れて遭難者を怒鳴り散らしていた。

「なにしてくれるんよ！　あんたが痛いのはわかるが、こっちだって必死に背負って運んでるんだ。少しぐらい我慢せんかよ！」

もしこれが普通の救助だったら、先輩隊員に「お前、ケガ人に向かってなに言っているんだ」「言葉を選べ」などと怒られてもおかしくはないと思うのだが、このときは誰にも止められなかった。ほかの隊員も同じことを思っていたのかもしれない。激しい剣幕で怒鳴られた遭難者は、ちょっとはシュンとなっていた。

十分ほど倒れたまま、やっとのことで上体を起こしたが、岩にしがみつきながら立ち上がるのが精一杯で、とても人を背負って歩くことなどできなかった。遭難者の搬送はほかの三人の隊員にお願いするしかない。「申し訳ないな」と思いながらも、どうしようもなかった。とにかく自分が背負われることだけはないように、這ってでも自分ひとりで下りようと思った。

自分の体を引きずるようにして少しずつ下りていき、夜の七時過ぎ、ようやくのことで剱沢に到着した。派出所にもどると緊張の糸が切れたのか、布団に入ったまま身動きが取れなくなってしまった。寝返りをうつにも腰が痛く悲鳴を上げ、トイレに行くにも這いつくばって絶叫する始末。絶対に腰の骨が折れているだろうと思われた。

そんな私を哀れに思ってくれた上司は、ヘリに乗せて下ろしてくれるという。なんともありがたい。しかし、当日は日没と曇り空のためヘリが飛ばず、翌日も悪天候のためヘリがフライトできなかった。その間も寝たきり状態が続き、みんなに介抱してもらった。

翌々日になり、やっと天候が回復した。まずは剣山荘に収容されていた遭難者をヘリで病院へ搬送し、続けて私がヘリでピックアップされた。病院に運ばれて診察を受けた結果は「腰椎捻挫」、つまり「ぎっくり腰」という診断であった。とりあえず骨には異状がなく安心したが、三カ月近く現場から離れざるを得なかった。七、八月のいちばん忙しい時期は現場に出られず、無線番などをして過ごした。

これ以降、遭難者を背負うたびに、あの一〇五キロの恐怖が頭をよぎる。このときを境に、腰痛持ちの仲間入りをしたのは言うまでもない。

背中で感じた命の重さ

これは、単に遭難者の体重が重かったことでひどい目に遭った体験だが、搬送時に命の重さを感じたこともある。それは私が山岳警備隊員になって三年目の夏、平成二十年八月二十三日の土曜日のことである。

その日は朝から雨が降っていた。朝食を食べ、始業準備もひととおり終えた午前九時二十五分ごろ、室堂警備派出所に雷鳥沢野営管理所から一本の電話がかかってきた。九人パーティで来ている五十七歳の女性が、雷鳥沢キャンプ場で頭痛を訴えているという。女性は意識こそあるものの貧血気味で、テントの中で横になったまま起き上がることができないらしい。血中酸素濃度が八四パーセントとのことなので、高山病の疑いが濃厚だった。

現場の状況を確認するために私が先行することになり、準備もそこそこに派出所をあとにした。土曜日ではあるが雨の影響か、みくりが池温泉から地獄谷を経て雷鳥平へと向かう道（現在は通行止めとなっている）には、ほとんど人影がなかった。

現場に到着してテントの中の遭難者の様子を見てみると、受け答えがほとんどできないくらいに意識が朦朧としていた。予想していたよりも状況は悪い。早急な搬送が必要であろうと思われたことから、同行者に荷物をまとめさせながら事情聴取を行なった。それによると、この女性は十六年前に剱岳のカニのタテバイで遭難死した息子の追悼登山に来ているとのことだった。話を聞いて、なんとしても助けてあげたいとの思いを強くする。

そうこうしているうちに、後発の山田分隊長が合流し、ひとまず雷鳥沢野営管理所にある診療所に運ぶことにした。

診療所に運び込むころには、女性はこちらの呼びかけにも応じられなくなっていた。どうやら意識をなくしているようだ。これはもう一刻を争う事態である。

診療所のドクターに判断を仰ごうにも、この日はあいにくドクターが不在で、医学生しかいない。学生に医学的なアドバイスを求めても、経験不足からか「あっ!」「うっ!」「えっと……」などと絶句するばかりで、完全に凍りついている。彼らに判断を求めるのは無理だと察し、山田分隊長の指示により早急に室堂へ背負って搬送することとなった。

女性に酸素マスクと背負いバンドを装着し、身支度を整えてすぐに出発する。地獄谷の監視員の方や診療所のスタッフもサポートしてくれた。時折、女性に励ましの声をかけるが、返事は返ってこない。何度か山田分隊長と背負い手を交代しながら必死に走り、地獄谷の階段(通称、地獄坂。現在は通行止)まで来た。いよいよこの登りが踏ん張りどころだ。女性を励ましながら自分にも喝を入れる。

地獄坂を半分も過ぎたころだろうか、背負っていた女性が急に重く感じられるようになった。

「おかしいな。さっきまでこんなに重くなかったのに……。地獄坂の階段で疲労して、体が言うことを聞かなくなってきたのか……。情けない」

そう考えていたところへ、山田分隊長から背負い手交代の助け舟が来た。訓練であれば「辛くても辛くない」精神で我慢するところだが、スピード優先の現場では効率よく小まめな交代が大切だ。山田分隊長に交代し、みくりが池温泉直下の分岐まで来た。ここから先は、行き交う観光客をかき分けながら進む。室堂手前で待ち受けていた救急車に女性を引き継いだが、やはり意識は戻らない。祈るような気持ちで救急車を送り出し、派出所に帰った。

しばらくしてから、女性が亡くなったことを電話で知らされた。救急車に引き継いだときにはすでにダメだったらしい。自分の息子の追悼のために山に来た母親が、同じように山で命を落とすなんて……。何ともやり切れない気持ちになった。

「もし天気がよくて、ヘリコプターが飛べたなら……」「もっと自分ががんばって早く搬送できていたなら……」など、ついついいろいろ考えてしまう。

そこへ山田分隊長から声が掛かった。

「なあ、あの遭難者、途中から急に重くならんかった?」

それは私も感じていたことだった。

「やっぱりですか。地獄坂のところですよね」

「人が亡くなると一気に重くなるって聞くけど、あの遭難者はオラたちが運んでる最中に亡くなったんかなあ」

山田分隊長のこの言葉に、なんとも言えぬ重いものを感じた。分隊長に言われるまでは、「自分がバテたせいだ。もっとトレーニングをしなきゃダメだなあ」と思っていた。しかし、あの地獄坂で感じた重さは、まさに「命の重さ」だったのだ。

その後も登山者の生死に関わる現場に幾度も行ったが、自分の体で人の命の重みを直接感じたのは、この一回だけだ。今でも遭難者を背負うと、あの時の感覚が思い出される。あの感覚、辛い気持ちを糧に、今も遭難救助に励んでいる。

印象に残る二件の遭難事故

若木　徹
――上市警察署　一九八五年、富山県出身

早月尾根でのヘリとの連携プレー

私が剱沢警備派出所で夏山警備についていた平成二十七年八月十日の正午ごろ、「早月尾根で事故発生」の一報が飛び込んできた。遭難者は四人パーティのなかの六十代女性で、剱岳に登頂して下山中の標高二七五〇メートル付近で約二〇メートル滑落、意識はあるが全身を強く打っており、自力歩行不能とのことであった。

派出所で待機していた松井分隊長と私がヘリで現場へ向かうことになり、ヘリポートでそのための準備に取りかかった。しかし、天候は徐々に下り坂となり、ヘリのフライト時には、剱岳本峰はガスに包まれ見えなくなっていた。そのなかでもヘリは現場への接近を試みたが、濃いガスによって現場を特定することができず、ヘリでの救助をいったん諦め、隊員が地上から現場へ向かうこととなった。

現場へは、私と松井分隊長のほか、搬送に備えて加わった牧野隊員の三人が向かった。夏山シーズン最盛期とあって、別山尾根にはたくさんの登山者が行き来していた。そのなかを、息を切らしながら必死で現場へと走る。

どうにか一時間三十分ほどで現場に到着したが、私はいっぱいいっぱいの状態だったのに、松井分隊長はほとんど呼吸も乱れておらず、「バテるようではまだまだだな。もっと早く到着するようにしなければ」と言われてしまった。

遭難者の容態はといえば、意識はあるものの脇腹に強い痛みを訴えており、頭部にも切創があって、巻かれたタオルには血が滲んでいた。脇腹の痛みは、肋骨が折れていることによるものと思われた。それでも遭難者の受け答えははっきりしており、われわれに対して「すみません」「大丈夫です」などと気丈にふるまっていた。

とはいえ、頭部を打っており容態の急変も考えられることから、なるべく早く山小屋か登山口まで下ろすのが最善なので、われわれが背負って搬送することになった。遭難者の同行者には、「私たちは先に行くので、気をつけて下りてきてください」と言って、ひと足先に下りることにした。早く早月小屋に下りられれば、ヘリでピックアップできるチャンスがあるかもしれないので、とにかく少しでも早く下りたかった。

とりあえず現場での応急処置も終え、私と牧野隊員で交代しながらの搬送を開始する。急峻な岩場で遭難者を背負ったわれわれが転げ落ちないように、ロープで確保するのが松井分隊長の役目だ。背負われている遭難者は、脇腹の痛みに苦しそうな表情を浮かべながらも、「がんばって」「もうちょっとだから」といったわれわれの声掛けに、「ありがとうございます」と感謝の言葉を返してくれる。

周囲の視界はガスで二〇〇メートルほどしかきかず、午後四時を過ぎ日没も迫ってきた。少しでも標高を下げ、一瞬のガスの晴れ間にヘリが進入してきてくれることを期待して、必死に早月小屋へと向かう。最悪、もし容態がひどくなりそうならば、この日のうちに一気に下まで下ろしてしまうつもりだった。

午後四時三十四分、ようやく早月小屋へ到着したが、ガスは依然として濃いままだった。小屋の方の計らいで遭難者に食べ物と飲み物を提供していただき、私たちもさらなる搬送に備えてエネルギー源を補給した。

日没が迫った午後五時三十分、ガスが薄くなって富山平野が見えてきた。すぐさま待機していた県警ヘリに視界や雲の状況を報告したところ、「ただちにフライトして現場へ向かう」との無線が入った。

これを受けて遭難者をヘリポートへ移動させ、ヘリの到着を待った。しばらくすると、わずかなガスの晴れ間を縫ってヘリが進入してきて、遭難者を収容して飛び立っていった。遭難者は肋骨骨折で全治一カ月の重傷を負っていたが、命に別状はなかった。

もしヘリが来られず、馬場島まで人力で下ろすことになっていたら、まだまだ時間がかかったはずだし、夜間搬送となって危険度も増していただろう。それを考えると、ヘリが来てくれたのはほんとうにありがたかった。

その後、日没が迫るなか、県警ヘリは再度、早月小屋にアプローチして、われわれ隊員を剱沢警備派出所へと輸送してくれた。これは、万一事故が起きたときに備えて、剱沢にある程度の隊員を確保しておくための措置であった。

これだけ遭難事故が増えてヘリに出動してもらう回数が多くなると、より安全に、より確実な救助が求められるようになる。地上の警備隊員とヘリとの連携は、山岳遭難救助活動におけるこれからの重点課題でもある。

この事案では、県警ヘリは遭難者を救助するために何度もアプローチしてくれた。われわれも、地上でしっかりと自分たちの役割を果たしていきたいと思う。

剱岳北方稜線での行方不明者

同じく平成二十七年の十月三日、まだ朝も早い午前五時五十五分に室堂警備派出所の電話が鳴った。宮城県在住の六十代の男性が「山へ行く」といって自宅を出たまま、帰宅予定の十月二日を過ぎても帰宅しないため、心配した妻が警察に届け出てきたのだった。自宅には剱岳の地図などが置いてあったというので、おそらく剱岳に来ているものと思われた。

すぐに妻から詳細を聴取し、登山届の確認や山小屋への連絡等の作業に入った。登山届は提出されていなかったが、男性が乗ってきた車が立山駅の駐車場に停めてあることが間もなくして判明した。

行方不明者の捜索では、日数が経つと生存率も下がるので、無事を祈る気持ちで山小屋へ連絡を取りはじめる。まず泊まった可能性の高そうな山小屋に目星をつけ、そこから順に範囲を広げて電話していくわけである。

すると、九月二十九日に行方不明者と同姓同名の登山者が単独で剣山荘に宿泊していることがわかった。歳格好や服装などの特徴などから、届出のあった男性と見て間違いなさそうであった。しかし、三十日の早朝に劔岳方面へ向かったのを最後に足取りはわからなくなり、劔岳周辺でなんらかのトラブルに巻き込まれたことが予測された。

ただちに隊員が招集され、捜索態勢がとられた。残されていた地図には、北方稜線や池ノ平などがマーキングされていた。行方不明者は以前にも北方稜線を歩いているとのことだったので、北方稜線を中心とした捜索が展開されることになった。

北方稜線は、昔行ったことがあるという年配の登山者らに人気が高いが、一般登山道ではない中〜上級者向けのコースであり、毎年のように転滑落や行方不明の事故が起きている。行方不明者の安否が気にかかる。

まずは劔沢警備派出所に常駐している隊員らが先発隊として出発し、池ノ平のあたりまで捜索したが、手掛かりは得られなかった。私も劔沢警備派出所に入り、捜索に加わることとなった。

通報から四日目、稜線を捜索する班（三人）、長次郎谷を詰めて捜索する班（三人）、上空からヘリで捜索する班に分かれての捜索が行なわれた。私は稜線を捜索する班に入り、登山道周辺および転滑落の危険のある場所を上部から捜索していった。

長次郎谷を詰めていた班から無線が入ったのは、北方稜線の池ノ谷乗越に差し掛かっていたときだった。上半身が土砂に埋もれた遺体を発見したという。その状況から、遺体は捜している行方不明者ではなく、緊急性は低そうだったので、われわれはさらに三ノ窓のほうへ下りて捜索を続行した。しかし、発見した遺体を長次郎谷の出合まで下ろしてヘリで収容することになり、搬送のための人員が足りなかったことから、急遽、われわれも捜索を中断し、三ノ窓から引き返して現場へと向かった。本来なら長次郎谷の熊ノ岩周辺でもヘリでのピックアップはできるのだが、このときはヘリが新型の機体に代わったばかりだったので、安全を期すために標高の低いところでピックアップすることになったのだった。

現場は、長次郎谷の右俣から池ノ谷乗越のほうへ向かう小さな沢を詰めていったところで、遺体は損傷が激しく、人物の特定ができる状態ではなかった。おそらく稜線から滑落したのだろう。亡くなってからかなりの日数が経過していることは明白であり、今回捜索している行方不明者ではないことは間違いなかった。

後日、この遺体の身元は、前年十月から行方不明となっていた単独行の二十代男性であることが判明した。山で遭難することの悲惨さを改めて感じるとともに、帰りを待ち続けていたご家族の無念さに胸が痛んだ。

結局、その日は仙人池ヒュッテに泊まり、翌日早朝に小屋を出発して、今度は池ノ平山から北方稜線をトレースしていった。しかし、行方不明者はおろか、ひとつの遺留品も発見できずに終わった。捜索はその後一週間ほど継続されたが、残念ながら手掛かりすら発見することはできず、生存の可能性が極めて少ないと判断されることから、警察としての捜索を終了した。

この行方不明者はいまだに見つかっておらず、山の厳しさや非情さを感じずにはいられない。と同時に、自分の無力さをも突きつけられた一件であった。

こうした現実を登山者に理解してもらうことで、一件でも遭難事故が少なくなればと、願ってやまない。

剱岳北方稜線での救助活動

大瀧晴英――上市警察署　一九八八年、宮城県出身

隊員になって三年目、平成二十六年の剱岳の夏は、七月に入ってもなお梅雨空が続き、雨の日が多いシーズンとなった。中旬から下旬にかけて行なわれた山岳警備隊の夏山訓練が終わると同時に夏山警備が始まり、私は訓練の翌日から標高約二五〇〇メートルの剱沢にある上市警察署剱沢警備派出所での勤務に就いていた。

夏山警備の期間中は、警備派出所をベースに遭難事故に対応するほか、登山指導やパトロール、トレーニング、装備の手入れなどを行なっている。パトロールはやはり登山者が集中する別山尾根から剱岳のルートがメインとなり、登山指導しながら頂上を往復してくることが多い。そのほか、平蔵谷や長次郎谷などへ行って、ルートや雪渓の状況を確認してくることもある。

七月二十七日は、久しぶりに朝方に晴れ間が見えた日であった。午前六時に起床し、警備派出所の前で毎日の習慣となっているラジオ体操を行ないながら剱岳のほ

うを見ていると、何人かの登山者が前劔に向けて登っていくのが見えた。

晴天は長く続かず、午前中には再び雨が降り出し、やがて霧となって視界は一〇〇メートル程度まで落ちた。それでもなにごともなく夜を迎え、一日が終わろうとしていた夕方六時過ぎごろ、突然、警備派出所に設置してある無線機に室堂警備派出所から「劔岳北方稜線にて登山者から救助要請あり」という連絡が入ってきた。

これを受けて状況を確認したところ、五十代の男性三人パーティが劔岳北方稜線を縦走中、濃いガスのために三ノ窓から小窓の間でルートを外れてハイマツ帯に迷い込み、ひとりがバランスを崩して転倒したという。その男性は三メートルほど転がり落ちて頭部を負傷し、眼鏡も破損したことから行動不能に陥っているとのことであった。三人のうちのひとりは十年前に北方稜線をたどっており、そのときの記憶を頼りに仲間を誘って来たそうだ。

状況の確認が終わるとすぐに準備を整え、あとは出動の命令を待つのみとなった。私には、北方稜線での夜間の救助活動の経験がなかったことから、出動を待つ間に、これからの救助活動の流れ――頭部の負傷なので最大限のスピードで現場に向かう、悪天候で視界のないなか遭難者の居場所を確実に特定する、負傷箇所に適切な応急処置を行なって安全な場所まで搬送する等——を何度も頭のなかでシミュレーションした。悪天候の夜間の活動は大きな危険が伴うことになるので、かなり緊張して待っていたことを覚えている。

その後、携帯電話を通して遭難者と連絡を取り合っていた室堂警備派出所の隊員から無線が入り、「遭難者の頭部の負傷は軽傷で、ビバーク装備も携行していることが判明したことから緊急性が下がった」と告げられた。これにより、「夜間の出動は中止」との決定が下され、夜明けとともに行動を開始することとなった。

いくぶんホッとして仮眠を取ろうとしたが、昂まっていた気分は落ち着かず、あまり眠れなかった。

翌二十八日は午前四時に起床し、簡単な朝食を食べてから、先輩二人と私の計三人で派出所を出発した。天候は回復しておらず、また現場もはっきり特定されていなかったことから、本峰経由ではなく、よりリスクの低い仙人峠経由のコースをとることになった。

あたりは薄暗く、濃い霧が立ち込めているので視界はない。先輩二人は、早朝の固い剱沢雪渓を矢のような勢いで下っていく。二人とも歩く速さは隊でも一、二を争うほどで、室堂から雄山まで四十分もかけずに駆け上がるという。噂では三十分台前半も出したそうだ。私はとにかく「引き離されないようにしなくては」ということだけを心掛け、必死に先輩隊員のあとを追っていった。

瞬く間に真砂沢ロッジ、二股を通り過ぎ、仙人新道を駈け登って仙人峠から池ノ平小屋へと向かった。池ノ平小屋で最新の登山道の状況等を聞いたのち、かつてはモリブデンの輸送路であった鉱山道と呼ばれる旧道に入った（池ノ平山周辺にはモリブデン鉱山があり、大正期から昭和初期にかけて採掘されていたという）。

相変わらず視界は悪く、岩も濡れているので慎重に通過していくと、小窓雪渓との合流点付近で、五人の登山者が下方にいる三人の登山者に向かって大声を出している現場に出くわした。

状況を聞いたところ、五分ほど前に男性ひとりが濡れた岩で足を滑らせて岩場を約五メートル滑落したため、二人が助けにいったとのことであった。この八人のグループは同一パーティではなく、まったく別の五人と三人の二パーティであった。前夜はいずれも小窓でビバークしたのだが、この日は「天候も悪いし、いっしょに行こう」ということになって、男女混合の八人で行動していたそうだ。そのうち、北方稜線に来たことがあるのは一人か二人だけで、ほかの者は連れられ登山のような形で来たという。

幸いなことに滑落した男性にケガはなく、われわれが捜している遭難者でもなかった。ただ、このグループのうちの一パーティは昨日の夕方、遭難したパーティに出会っており、「いっしょに行きませんか」と声を掛けたが、「いや、このへんでビバークできる場所を探します」と言って断ったという。その場所から推測して、遭難者パーティは小窓ノ頭付近で下るべき尾根を間違え、ひとつ手前の小さな尾根を下りているものと思われた。

そのグループと別れたのち、小窓雪渓を登り詰め、小窓から北方稜線に入り、遭難者の名前を呼びかけながら先ほど予想した尾根を下りていくと、下のほうから返答が聞こえてきた。声のするほうへ向かったところ、急峻な雪渓に挟まれたハイマツ帯のなかで、ツエルトにくるまっている遭難者パーティを発見した。

遭難者の状態は、ビバークにより若干の疲労が見て取れたものの、額に擦り傷がある以外は異常はなかった。頭を打ったという話だったのだが、駆けつけてみたら擦り傷程度だったので、「この程度で救助を呼ぶのか」と思ったが、もちろん口には出さない。救助要請がある以上、それに応えるのがわれわれの任務だ。

最初は背負って下ろそうかという話もしていたのだが、先輩隊員が歩行テストなどをして症状をチェックしたら、意識はしっかりしているし、体の機能も問題ないということで歩行可能と判断し、自力で歩いてもらうことにした。

遭難者の荷物は背負い、ハーネスには転倒転落防止のスリングを結びつけた。急峻な雪渓のトラバースなどの危険箇所は、フィックスロープを張って通過した。眼鏡を損傷したことも行動できなくなった理由のひとつと聞いていたが、自力歩行するのにとくに支障はなかった。それよりもほかの二人のほうがバテているくらいだった。

日没前までにはどうにか池ノ平小屋までたどり着き、翌日は天候が回復したことから小屋からヘリコプターで病院へ搬送した。このパーティは車で信濃大町側から入山していたので、「長野側の病院に運んでほしい」と言っていたが、救助のヘリコプターはタクシーではない。当然、富山側へ下ろした。ヘリに乗せたのはケガ人だけで、ほかの二人には歩いて下山してもらった。

この救助活動を通して感じたのは、山でアクシデントに見舞われたときには、救助を要請する前に、自分たちでできることは自分たちで対処してほしいということだ。どんな救助であれ、容易な救助というものはなく、ヘリコプターによる救助についても一〇〇パーセント安全だとはかぎらない。登山者にはそのことを理解していただきたい。

また、最近の救助活動では、その利便性の高さからヘリコプターを使うことが多くなっているが、遭難救助は人の力による活動が基本であることを改めて感じさせられた事案でもあった。そんななかで、いっしょに活動した二人の先輩は、的確な行動や素早い判断など、すべての点において今の私の目指すべき隊員像となっている。

富山県警察ヘリ「つるぎ」による救助活動

関係者の協力あっての救助活動

小竹茂幸——富山南警察署　一九八五年、岡山県出身

事故発生

薬師岳や雲ノ平一帯を管轄とする富山南警察署には、四人の山岳警備隊員が配置されている。上市警察署がカバーする劔・立山連峰と比べると遭難事故は少ないが、濡れた木道でスリップして捻挫・骨折するといった事故がとくに目立っている。それが、険しい岩場や岩稜での事故が多い劔・立山連峰とは大きく異なっている点だ。

木道でのスリップ事故は、平成二十五年ごろまでは十数件だったのに、以降、倍増して今は三十件近くまでになっている。その大半を占めているのが中高年登山者だ。

警察官になる前、半年ほど劔御前小舎で働いていたときには、事故の報せを受けて山岳警備隊員が走って現場へ向かう姿をよく目にしていたが、こちらではそのよ

うな光景はあまり見られない。また、上市警察署には山岳警備隊員がたくさんいるので、先輩隊員といっしょに動いてその指示に従うことが多いのだが、富山南警察署ではひとりで対応しなければならないことが多く、ときに自分で判断を下す必要に迫られることもある。つまり自分の判断が登山者の運命を左右することもあるわけで、そういう意味では責任のある仕事だと思っている。

富山南警察署の山岳警備隊員は、例年七月下旬ごろから八月いっぱいまでと九月の連休期間、交代で太郎平小屋に常駐し、パトロールや登山者の指導に当たっている。

常駐期間中は、だいたい朝五時半ごろ起床し、小屋の従業員といっしょに朝食を食べたのち、天気がよければ薬師岳や北ノ俣岳、あるいは薬師沢方面へパトロールに出かける。たまに高天原のほうまで泊りがけで行くこともあるが、拠点はあくまで太郎平小屋だ。パトロールでは、危なっかしい登山者に目を配るのはもちろん、登山道や木道などの状況も確認して回る。事故を未然に防ぐためには、欠かせない作業である。

天気が悪いときや登山者が多いときは、太郎平小屋の一角に設けられている登山相談所で登山指導や登山届の受理などを行なう。年齢や装備、足取りなどを観察し、計画に無理がありそうな場合は、助言提案して計画を変更してもらうようにしている。

パトロールに出たときは昼ごろ小屋にもどってきて、昼食後から登山指導などを開始する。夕食時には五分ほど時間をいただいて、登山者に情報提供や注意喚起などを行なっている。小屋のオーナーの五十嶋博文さんはこの時間を大切にしてくれているので、大変ありがたい。

七時ごろに夕食をとったのち、日誌をつけたり書類仕事を片づけたりして、とりあえず八時ごろに一日の業務が終了する。その後の一時間ほどが自由時間で、九時には消灯となる。

これが、救助事案がないときの、常駐期間中の一日の生活パターンである。常駐生活は、四人の隊員が約一週間ほどで交代しながら続けられる。

平成二十七年七月三十日、常駐生活に入っていた私は、いつもどおり午前五時半ごろ起床した。太郎平小屋での警備は、朝の天候を確認することから始まる。この日の天気は雨。雨に濡れた木道で登山者がスリップしなければいいのだが……。

もっとも、晴れていれば安全かというとそういうわけでもなく、朝いちばんに小屋を出ていった登山者が、朝露に濡れた木道でスリップするという事故も起きているから、安心はできない。

顔を洗って髭を剃り、小屋の玄関に入って出発準備を整えている登山者に声を掛ける。

「雨で濡れた木道は大変滑りやすいので、気をつけてください」

午前六時半、晴れていれば小屋前の広場で登山者や小屋の従業員たちといっしょにラジオ体操を行なうのが日課となっているが、本日は雨。ラジオ体操を省略して、朝食を取りはじめた。

その数分後の六時四十五分ごろ、七十代ぐらいの女性登山者が必死の形相で小屋に飛び込んできて、呼吸を乱しながらこう告げた。

「友人が木道から落ちてケガをした！」

ケガ人は女性三人パーティのうちのひとりで、朝、太郎平小屋を出て、北ノ俣岳へ登っていく途中で事故に遭ったのだった。現場は太郎山と北ノ俣岳のちょうど中間あたりで、もうひとりはケガ人に付き添っているという。

やはり発生してしまったかと思い、私は小屋の二階の警備隊の部屋へ駆け上がり、出動準備にとりかかった。ちょうどこのとき、薬師岳方面遭対協救助隊員の西野さんが、昨日から警備の応援で小屋に上がってきていた。西野さんは現役消防隊員なのでサポートをお願いし、あとから必要な装備を持ってきてもらうことにして、第一陣としてひとりで現場へと向かった。

気丈な遭難者

先に事故現場にもどってもらっていた届出者を途中で追い抜き、現場に到着してケガ人を見た瞬間、思っていた以上に重傷であることが認識できた。木道での一般的なスリップであれば、負傷程度は手首や足首の捻挫または骨折がほとんどなのだが、ケガ人の左腕にはめられていたスパッツからは血が滲んでいたからだ。「これは開放骨折だな」と思い、スパッツをめくってみると、案の定、左肘から大量の出血が認められ、骨らしきものも見えていた。さらに左手首まで折れている。ケガ人がスリップした木道は、土の部分が浸食されて木道だけが浮いていたところで、一メートルほどの高さから落下した際に左肘をついてしまい、左肘を脱臼・開放骨折してしまったのだった。

「山岳警備隊です。もう大丈夫ですよ」

そう声を掛けると、ケガ人からは意外な言葉が返ってきた。

「警備隊にお世話になるのは申し訳ない。腕の骨折ぐらいなら歩いて帰りますよ」

頼りにされるものと思っていたのに「自力下山する」と言われ、拍子抜けしたが、さすがにこのケガでは歩いて帰ってもらうわけにはいかない。なにより傷口から菌が入って感染症を引き起こす恐れがあるため、早急に医療機関に引き継ぐ必要があり、ヘリの出動を要請してもらうことにした。

そこへ後発の西野さんが到着し、早速、応急処置を施してもらった。湿潤を保つために患部にガーゼを当ててラップを巻き、サムスプリントを使ってしっかり固定した。ケガ人は非常に気丈な方で、痛みは訴えていたが、我慢強く処置に耐えた。元気づけるために冗談を言えば、冗談で返してきた。聞けば、登山歴は三十年ほどで、薬師岳方面には何度も来ているとのことであった。同行者の二人もしっかりしていて、ケガをした仲間に励ましの言葉をかけていた。遭難者が落ち着いていると、われわれも安心して作業を行なえる。

現場の天候は小雨で、航空隊の基地がある富山市内から見た薬師岳方面は稜線に雲がかかっているという。しばらくその場でヘリの出動を待ったが、天気は回復せず、ケガ人を現場に長居させることは容態の悪化につながるため、太郎平小屋への収容を決めて九時前から移動を開始した。ケガ人は自力歩行できたので、また木道で足を滑らせないように付き添いながら、いっしょに下りてきた。小屋に到着後は暖かくして安静を保ちながら酸素を与え、包帯やガーゼを取り替える処置を定期的に行なった。

その後、薬師沢小屋からの無線で、大東新道のA沢とB沢の間で女性登山者が大岩から足を滑らせて肩を脱臼したという事故の一報が入ってきた。私は現場へは行かなかったが、無線で情報を収集するなど事故の対応に追われ、一段落したときにはもう正午近くになっていた。

太郎平小屋周辺の視界は二〇〇メートルほどで、相変わらず小雨が降り続いていた。だが、薬師沢小屋周辺は視界が良好とのことで、県警ヘリ「つるぎ」が大東新道の遭難者を救助するために黒部川沿いに現場へ向かうことになった。太郎平小屋周辺の天候が回復すれば、こちらにも来てくれるという。

天候の回復を祈りながら待つことしばらく、大東新道の遭難者の救助を終えた「つるぎ」から「薬師沢小屋付近にて待機する」との連絡があった直後、一瞬の雲の隙間を縫ってヘリが太郎平小屋上空に接近してきた。急いでケガ人をヘリポートまで運ぶと、ものの数分もしないうちにヘリがピックアップして飛び去っていった。時間は午後一時五十七分。事故発生からおよそ七時間半が経過していた。

この救助を終えて実感したのは、山岳警備隊員ひとりだけの力では救助は行なえないということだ。山小屋関係者、遭対協の隊員、県警航空隊など、多くの関係者らが協力し合って初めて迅速な救助が可能になるのである。仲間や協力者がいてくれるから救助が成り立つのだし、いい成果も得られる。それを心の底から感じられた事案であった。

後日、私のもとにケガ人とその同行者から礼状が届いた。そこにはケガの回復状況やお礼の言葉などとともに、「ケガが治ったら、また薬師岳方面の山に行きたい」としたためられていた。

そんなちょっとした言葉が、われわれ山岳警備隊員にとっては大きな励みとなっているのである。

第5章　冬の事故現場

大日岳雪庇崩落事故と余波

柳澤義光――上市警察署　一九七〇年、東京都出身

行方不明者の捜索中の事故

平成十二年三月五日、午前十一時二十五分ごろ、剱岳一帯で積雪期訓練を行なっていたわれわれ山岳警備隊のもとに、大日岳で遭難事故が発生したとの報せがもたらされた。遭難者は登山研修所のパーティで、大日岳頂上付近で休憩していた研修中の講師と研修生が、突然崩壊した雪庇に巻き込まれ、学生二人が行方不明になっているという。

早月小屋から馬場島に向けて下山していた私の班は、大急ぎで馬場島まで駆け下り、しばらく天候待ちをしたのち、県警ヘリ「つるぎ」と県消防防災ヘリ「とやま」で順次、現場へと送り込まれた。

現場では、すでに研修所の講師陣ら十四人による必死の捜索が行なわれていた。

そこには崩壊した雪庇の一部がまだ残っていて、上から見ると雪面に亀裂が入って雪の壁がそそり立った状態になっていた。その壁の下で雪崩ビーコンの反応があったという。

遭難者が雪に埋没しているなら、一刻も早く掘り出してあげなければならない。現地入りした山岳警備隊員十三人は講師陣らと協力して、大日岳の北斜面に崩れ落ちた雪庇の跡をプローブで捜索し、スコップで雪面を掘り続けた。巨大な雪の壁の下での作業となったが、救助のことばかり考えていて、怖いという意識はあまりなかった。

だが、のちに判明したことだが、行方不明になっていた二人の学生は、そのときわれわれが捜索したあたりにはおらず、斜面のもっとずっと下のほうまで流されていた。もちろんわれわれはそのことを知る由もなく、ビーコンの反応を信じて懸命に作業を続けていた。

やがて夕暮れが迫り、あたりが次第に薄暗くなってきたため、午後六時を目処にその日の捜索をいったん切り上げることになった。

捜索は、人員を二班に分けて、十五分交代で作業と監視兼休憩を繰り返すローテンションで行なわれていた。私の班は午後五時四十五分で作業を終了し、六時までの最後の十五分をもう一班に引き継いで、離れた場所で監視・休憩することになっていた。しかし、ここで私は「最後の十五分だからもうひとがんばりしよう」と考え、休まずにそのまま作業を続けていた。結果的に、そのがんばりが仇となってしまった。

「ギ、ギギ、ギギギ、ギギー」

五時五十二分、例えるなら錆びついた巨大な鉄の扉が開くような大きな音がした。

「逃げろー」と誰かが叫んだ。

その声と同時に、残っていた雪庇が基部から崩れ、活動していたわれわれの上に巨大な雪の壁が倒れ込んできた。大きさにして、幅一五メートル、高さ一〇メートルぐらいはあっただろうか。私は慌てて横方向に走ったが、雪壁の真下に最も近いところで作業をしていたため、逃げるのがわずかに遅れた。次の瞬間、足元の積雪が崩れたのか、数メートルの高さから振り落とされ、気がついたら雪の斜面に仰向けに倒れていた。その上から雪が次々と覆い被さってきて、視界がだんだん狭く暗くなっていったのを覚えている。

このとき、走馬灯のようにそれまでの人生が……ということはなかったが、当時まだ幼かった長女と長男、それに妻の顔が目の前に浮かんだ。

「もうダメだ！」と諦めかけたそのとき、突然、視界が開けた。覆い被さってきた雪だけが、私の体の上を流れ落ちていったのだった。幸い私は流されずにすんだが、被っていたヘルメット（当時はまだ現場でヘルメットを被る習慣がなく、このときはたまたま隊員のなかで私ひとりだけが被っていた）のなかにはぎっしり雪が詰まっており、雪の圧力の激しさを物語っていた。

倒れ込んでいる私のもとに、真っ先に駆けつけてきてくれたのは黒川隊員だった。「大丈夫ですか？」と言って手を出してくれたので、その手を借りて立ち上がろうとしたら、背中に激痛が走った。それは今までに感じたことのないほどの激しい痛みだった。そのときはわからなかったが、背骨のひとつが陥没骨折していたのである。

私だけではない。やはり逃げ遅れた講師の一人は頭部および右下肢を打撲した。斜面の下方で装備を片づけていた園川隊員は、崩れてきた雪塊の直撃を頭部に受け、顔面骨折の重傷を負った。

その時点で捜索活動は中止となり、全員が大日小屋に撤収した。私は黒川隊員の肩を借りてなんとか小屋まで歩いていったが、園川隊員は歩行不能だったので、ほかの隊員が小屋に運び込んだ。

ケガからの復帰

捜索活動は翌日以降も続いたが、私を含む負傷者三人は、夜明けとともに消防防災ヘリ「とやま」で県立中央病院へと搬送された。このときの様子は新聞記事になり、掲載された写真には、連絡を受けて病院に駆けつけてきた妻と子どもたちが写っていた。

子どもたちはまだ幼かったので、なにが起きたのかよくわかっていなかったと思うが、妻はとても驚き、心配したと思う。重傷だった園川隊員はそのまま入院となったが、私はレントゲンを撮っても異常が発見できず、腰部打撲の軽傷という診断結果だった。

医者に「起き上がってみてください」と言われ、痛みを我慢しながらなんとか起き上がったら、「ああ、大丈夫ですね」と言われ、湿布をもらったうえで、上市警察署から迎えにきた車で病院をあとにした。

しかし、その後一カ月半ほどしても背中の痛みは消えず、改めて当時の上市厚生病院（現在のかみいち総合病院）で検査を受けた。すると、レントゲンではやはり異常は見つからなかったのだが、ＭＲＩで背骨の断面を撮影したところ、上から十二番目の胸椎（肋骨が付いている背骨のいちばん下の骨）の上の面（ひとつ上の骨との間の軟骨に接している面）が、なかのほうで陥没していることが判明した。現場で高い段差から落ちたときに、アイゼンを履いていた足からしっかり固い雪面に着地したため、足がストッパーのようになって、その衝撃がもろに背骨にきてなかが潰れてしまったようだ。

軽傷どころか、かなりの重傷だったわけである。どおりで痛いはずだった。検査の結果を受けて、医者はこう説明した。

「受傷してからすでに一カ月半経過しているし、治療のしようがない。陥没した部分に自然に軟骨が入り込んで埋まり、痛みは自然になくなるので、日常生活には支障はないだろう」

そのことを上司に報告したところ、当時の上市警察署長から、改めて公傷扱いに切り替えるように言われたのだった。それまでは山岳警備隊員としてほとんど危ない目に遭ったこともなかったので、「やっぱりこの仕事は危ないんだなあ」ということを身をもって感じた。そういう意味では、救助活動の危険な一面を象徴する事故でもあった。

背骨の痛みは、その後徐々に薄らいでいったが、一方で「遭難救助活動で最も負荷のかかる背骨を痛めてしまい、これから人や荷物を背負うことができるのだろうか。そもそも山岳警備隊員を続けられるのだろうか」という不安は日増しに膨らんでいった。

そんな折、行方不明になっていた研修生の家族から、現場で負傷したわれわれのことを気遣う便りが届いた。本来なら遭難者やその家族を励ます立場である私が逆に励まされ、申し訳なく思いながらも、とても励みになった。幸い今までのところ後遺症は出ず、救助活動を行なううえでもまったく支障はないので、山岳警備隊員を続けてこられている。もともと骨太なこともあるが、丈夫な体に産んでくれた両親には心のなかで感謝した。

この事故でのちに大変な苦労をした主任講師は、私が大学時代に登山研修所の研修に参加したときの講師でもあった。後日、「自分の教え子にケガをさせてしまって申し訳ない……」と言われたが、私のほうこそまだ隊のなかでは若手だったとは言え、救助のプロでありながら現場で負傷してしまったわけである。そのことで余計な気苦労をかけさせてしまい、申し訳ない気持ちでいっぱいだった。

その後、行方不明となっていた研修生二人は、登山研修所関係者の懸命な捜索により、その年の五月と七月に相次いで発見された。

自分が救助活動中に負傷したことに加え、山岳警備隊と密接な関係にある登山研修所の関係者や私の師ら、さまざまな人たちに大きな影響を及ぼすことになったこの事故は、いろいろなことを考えさせられたと同時に、私の山岳警備隊人生のなかでも強く記憶に残る事案となった。そしてまた、自分がたくさんの人たちに支えられているのだということを実感した事故でもあった。

今までもそうしてきたつもりではあるが、これからも自分を支えてくれている多くの人たちのことを忘れずに、謙虚な気持ちで、除隊を命ぜられる日まで活動を続けたいと思っている。

強風の五龍岳の救助活動

小髙浩明――上市警察署　一九八一年、東京都出身

大学山岳部パーティの滑落事故

三月、山は残雪期と呼ばれるシーズンを迎える。しかし、里山とは異なり、高所はまだまだ厳しい環境の季節で、寒気が流入すれば厳冬期となんら変わらない状況となってしまう。

春分が間近い平成二十六年三月十六日、私は数日間の馬場島警備を終え、妻と一歳の息子が待つ官舎へと帰っていた。当時は今と同様に、上市警察署室堂警備派出所勤務員として、夏の間は室堂警備派出所や剱沢警備派出所に常駐し、冬期は剱岳方面への登山者の入山に合わせて馬場島警備派出所に入るという勤務をしていた。

富山県警察官を拝命して九年目、山岳警備隊に入隊して八年目、常駐隊員として二年目を終えようとしていたときのことである。

久々に我が家でくつろいで就寝したその夜中、本署からかかってきた電話で起こされた。休みの日にかかってくる電話で、いい知らせなどまずない。ましてや夜中……。嫌な予感がした。

今、剱岳に入山しているパーティが遭難したのだろうか。いや、実力のあるパーティだから、そんなことはないだろう。それとも管内で大きな事件か事故が発生したのか。

着信が鳴り響く携帯電話を恐る恐る取り上げる。

「五龍岳で大学生が遭難、明朝五時にヘリで出動できる準備をして上署のこと」

係長から矢継ぎ早の指示があり、電話は切れた。やはり山岳遭難事故であった。

春から秋にかけては、山で道に迷い下山できない登山者からの救助要請や、山菜を採りにいって帰ってこない者の家族からの通報等で、夜中に非常招集がかかって出動するのはよくあることだ。そのまま現場近くまで行き、ツエルトを被って日の出を待ってから救助活動に移るということも珍しくない。こうしたことは覚悟のうえである。

布団のなかで端的な指示の言葉を思い返す。キーワードは「五龍岳」「大学生」

「明朝」「ヘリで出動できる準備」。五龍岳ということは、事故は黒部警察署管内で発生し、その応援派遣としての出動となるのか。遭難パーティはどこの大学なのだろう。国立登山研修所のリーダー研修会の講師として大学生を指導することもあるので、知り合いの大学生の顔が脳裏をかすめる。朝イチのヘリコプターのフライトで現場投入となるようだが、天候が安定していてくれればいいのだが。現場が稜線であれば、風に飛ばされて雪はカリカリになっているのだろうな。などと考えていたら目が冴えて、結局、眠れないまま起き出す時間になってしまった。

定刻より早めに上市警察署に行くと、すでに課長と係長が出勤していて、救助方針について警察本部地域課と調整しながら段取りを組んでいた。「段取り八分」という言葉は、山岳遭難救助活動についても当てはまる。いつものことながら、ほんとうに頭が下がる。

遭難救助というと、現場の隊員ばかりスポットライトを浴びて賞賛されるが、実際には縁の下で支えてくれている人たちがたくさんいる。警察本部や警察署で救助方針の調整や遭難者の家族対応を担当している人、臨機応変な対応ができるように航空隊や各拠点の警備派出所で待機している隊員、現場付近から気象情報の提供や無線中継をしてくれる山小屋の方々など、裏側でサポートする人たちがいるからこそ、救助活動は成り立っているのである。われわれ富山県警察山岳警備隊が、たとえ困難な現場であっても円滑に遅延なく活動できるのは、彼らのおかげだと言っても過言ではない。

署ではまず遭難状況や救助方針についての説明があった。遭難したのは大学山岳部の男性OBと現役部員三人の四人パーティで、一行は十四日に白馬五竜スキー場から入山。翌日は遠見尾根経由で五竜山荘付近にて幕営し、十六日に五龍岳をアタックした。しかし、天候が悪くホワイトアウトだったため途中で引き返したのだが、G1の頭付近で四十五歳のOBが滑落して行方不明になってしまった。残された三人は稜線でビバークし、携行していたアマチュア無線で救助を要請したのである。

その救助にあたっては、ヘリコプターでの現場偵察後、私と同期の石川仁、それに馬場島勤務に就いていた松井分隊長の三人が現場投入され、必要があれば応援隊員を追加輸送するということになった。

私と石川隊員は慌ただしく倉庫から共同装備や個人装備を取り出してパッキングし、臨時ヘリポートとなっている警察署近くの丸山運動公園グランドへと向かった。

グランドでハーネスやヘルメットなどを付け、準備万端の態勢でヘリコプターを待つ。

この日の天候は、朝から快晴で風も穏やかであった。しかし、PM2・5による大気汚染注意報が発令されていて、山は霞んで見えた。午前六時十五分に現場の確認と捜索を行なった県警ヘリ「つるぎ」からの報告によると、「稜線に遭難者のものらしきツエルトと、谷筋に飛散物を発見したが、現場周辺の風はとてつもなく強い」とのことであった。続けざまに消防防災ヘリ「とやま」がフライトし、馬場島で松井分隊長をピックアップしたのち、私と石川隊員を乗せて現場へ向けて飛び立った。

春の里から厳冬の山へ

冬の現場は、夏と比べるとやはり緊張感が違うが、何度も現場や訓練をともにしている松井分隊長とひと言ふた言、言葉を交わすと、少し緊張が和らいできた。松井分隊長は私より一年先輩で、技術・体力・判断力を兼ね備えた頼れる存在である。強風の稜線で、われわれの到着を待っているであろう遭難者に向け、「必ず救助するぞ」と心に誓う。

「とやま」は剱岳早月尾根に沿って高度を上げていく。ＰＭ２・５による大気汚染の影響は上空二〇〇〇メートル付近までで、目線の高さに早月小屋が見えてくるころには、霞んでいた剱岳がスキッとその姿を現わした。強風が吹き荒れているのだろう、稜線には雪煙が舞っている。梅の花の香りが漂い、道路の脇には春待ち遠しとフキが顔を覗かせている穏やかな下界とは一変し、剱岳は厳冬の様相を呈していた。

現場までもう十分ほどか。県警ヘリからの報告で現場の風が強いことはわかっていたが、それでも「少しでも風が収まっていてくれ」と願わずにはいられない。

三ノ窓を越え、いよいよ後立山連峰の稜線が見えてきた。まず目につくのが大きくそそり立った鹿島槍ヶ岳、そして馴染み深い唐松岳、その中間に位置するのが五龍岳だ。五龍岳に近づくにつれ、周辺の地形も明瞭に見えてくる。頂上に向けて深く切れ込む谷筋は、険しく寒々しい。

機内から遭難者を捜していると、風にばさばさと煽られているツエルトが目に飛び込んできた。そのそばには、三人の登山者が確認できた。ＯＢの滑落後、稜線に取り残された三人だろう。座り込んでいる者もいれば、横たわっている者もいる。ツエルトがまったく意味をなしていない。ヘリが近づいていっても、三人からはなんの反応もない。標高二七〇〇メートルの稜線で冷たい強風をもろに受けながら、ひと晩やり過ごせたのだろうか。もしかしたら、救助活動ではなく、遺体の回収になってしまうのでは……。そんな思いが頭をよぎる。

現場確認後、「とやま」は五龍岳と白岳の鞍部にある五竜山荘付近への着陸を試みた。しかし、二度トライするも、稜線の風が秒速一五メートル以上と強すぎて着陸できない。仕方なく、降機方法を着陸から低ホバリングに切り替える。

ヘリコプターからの降機方法には三つの方法がある。まずひとつが通常の乗り降りである着陸降機、二つ目がホイストを使用したホイスト降下、そして三つ目が不整地などで着陸できないときに低ホバリングしているヘリコプターから飛び降りる直接降下である。このときは着陸降機もホイスト降下も条件が適さなかったため、やむなく直接降下となった。

ただし、直接降下には危険がつきまとう。もし強風で機体が煽られて地面や小屋、斜面に衝突すれば、パイロット、整備士、警備隊員もろとも一巻の終わりである。

それを避けるために、低ホバリングといっても身長ほどの高さからジャンプすることになるのだが、下の雪面の状態がわからないのも恐怖だ。もしカチンカチンのアイスバーンにでもなっていたら……。しかも、救助の装備一式を背負っての降下である。万一、着地に失敗すれば、大ケガを負うことになる。ヘリのダウンウォッシュで転がされることもある。着地に成功したとしても、ヘリのダウンウォッシュで転がされてしまったら、まず命はないものと考えたほうがいいだろう。

しかし、躊躇はしていられない、パイロットが危険な状態で踏ん張っているのに、われわれが怯んで時間がかかると、よけいな危険を招くことになってしまう。なにも考えないようにして、素早くジャンプ。幸いなにごともなく、隊員三名の現場投入が完了した。

生きていた三人

後立山連峰は富山県と長野県との県境であるが、富山県警察本部や上市警察署よりも長野の大町警察署のほうが現場から距離的に近い。試しに遭対無線で大町警察署に呼びかけてみると、メリット5（無線通話がいちばんクリアな状態）で通信できたので、無線中継を依頼する。遭対無線によって通信手段が確保されているのは、いざなにかあったときのことを考えると非常に安心感がある。

降下地点でアイゼンを装着して身仕度を整え、ロープでお互いに繋ぎ合って現場へと急行する。過去の残雪期の訓練で五龍岳は一度トレースしているので、ルートは大まかに頭に入っていた。G0は富山県側を巻くように登り、岩稜が出てくるG1を越えてさらに進むと、ヘリコプターから確認できた黄色のツエルトが見えた。「生きていてくれ」と願いながら近づいていく。現場は五龍岳山頂と五竜山荘とのちょうど中間あたり、ビバークするには適さない、主稜線からちょっと外れた小さな岩稜上であった。ひとつ間違えれば、一気に谷底へと滑落していってしまうような場所である。

すぐに確保用の支点を作成し、進入する準備を整える。その間に、遭難者に大声で呼び掛けをすると、わずかではあるが声が返ってきた。非常に衰弱はしているようだが、どうやら三人は生きているようだ。吹きっさらしの岩稜上で、強風に煽られながらの着の身着のままのビバークだったから、低体温症で命を落としていてもおかしくないケースである。

今、目の前にいる三人の若者が生きていてくれて、ほんとうによかったと思った。命の重さに歳は関係ないことはわかっているが、若い登山者にはつい自分の家族や子どもを重ねて見てしまう。もし二十年後に息子が山をやっていて、不幸にも遭難してしまったら、なにがなんでも絶対に生きていてほしいと思う。この三人の若者たちの両親だって、間違いなく同じ思いのはずだ。三人はよくぞひと晩、耐えてくれた。ほんとうによかった。

遭難者を目の前にしたら、やることはただひとつ、安全に迅速に救助するのみだ。ロープを使って遭難者のいる場所まで進入し、さらに滑落しないように遭難者を確保する。ロープを固定したら、安全地帯の主稜線まで遭難者を順次搬送する。われわれは、これからやるべきことを共通認識として持ち、行動に移していった。

遭難者と合流してみると、予想以上に衰弱が激しく、三人とも自力では動けない状態であった。

「ひと晩、よくがんばった。もう大丈夫。すぐに病院へ行けるぞ」

そう声を掛けると、女子学生のひとりが「ありがとうございます」とか細い涙声で応えた。続けて「OBを見つけてください」と、行方不明の男性の安否を気遣う姿に、こちらも少し感傷的になる。

励ましながら三人にチョコレートや温かい飲み物を与え、搬送に移ろうしているときに、長野県警察から無線が入った。長野県警察ヘリ「やまびこ1号」がフライトし、こちらに向かってきてくれるという。三人は衰弱が激しく、搬送に時間がかかれば、容態もさらに悪化することが予想されたので、現場から直接ピックアップしてくれるとは、大変頼もしくありがたかった。

ツエルトなどの飛散物を遭難者のザックにしまい、ヘリコプターの到着を待つ。稜線の風は弱まる気配はなく、相変わらず秒速一五メートル以上で吹き荒れている。滑落の危険があるので、ロープからとっている自己確保はまだ外せない。

しばらくその場で待機していると、いよいよ現場にヘリコプターがやってきた。上空でホバリングし、ホイストでの隊員降下に移る。しかし、やはり機体が風に煽られ、なかなか隊員をピンポイントで下ろすことができない。それでも何度もトライを重ね、ようやく隊員が降下してきた。長野県警察の航空隊にもすごいパイロットがいるものだと感心しながら、合流を待つ。降りてきた隊員は遭難者に救助用具を装着し、ひとりずつピックアップして機内へと収容した。強風にヘリからのダウンウオッシュが加わり、風に揉みくちゃにされながらの作業であった。

最後のひとりを収容すると、「やまびこ1号」は轟音とともに現場から飛び去っていった。これで遭難者は早期に病院へ引き継ぐことができるだろう。

条件がよければ十数分で終わる作業なのだが、このときは三人ピックアップするのに四十五分もかかった。大変危険な環境下で、パイロットや救助隊員は一分一秒でも早く現場から離脱したいと思っていたはずだ。もしヘリでピップアップできなければ、地上搬送しなければならず、遭難者の容態を考えたら、助かっていたかどうかは微妙なところだったと思う。とにかく三人を無事ピックアップしてもらい、ほんとうによかった。

家族のもとへ

残るは行方不明となっているOB男性の捜索である。三人の救助が終わって稜線を引き返している途中、ヘリで搬送されてきた応援隊員三名が合流し、行方不明者の捜索にとりかかった。われわれは稜線周辺に遺留物や血痕などがないかを調べ、富山と長野のヘリも幾度となくフライトして、上空からの捜索を展開した。しかし、遭難者の発見には至らず、この日の捜索は終了した。

再度ヘリコプターで輸送され、朝飛び立った丸山運動公園のグランドへと降り立つ。強風が吹き荒れていた稜線の救助現場から、朝よりもいっそう気温が上がって穏やかな陽気になっている環境に瞬時にもどると、とてつもなく長い間作業をしていたような、なにか変な感覚を覚えた。

降機後、グランドでヘリコプターの誘導をしていた隊員と挨拶を交わしたときに、異動の内示を知らされた。そういえば、今日は異動の内示がある日だったことを思い出し、現実に引きもどされた。幸い私の異動はなく、三年目の室堂警備派出所勤務を迎えることになった。また新たな一年が始まるにあたり、常駐隊員として山の業務に従事できることに感謝しつつ、隊員としての職務になおいっそう励んでいこうと思った。

現場の状況などから行方不明者は長野県側に滑落したものと思われ、その後の捜索活動は長野県警察が主体となって行なわれたが、発見できないまま捜索は終了した。われわれも一度、県警ヘリで上空からの捜索を行なったが、手掛かりは得られなかった。

長野県側の谷筋（白岳沢）で遭難者の遺体が発見されたのは、その年の六月中旬のことであった。

冬の遭難現場への出動はそう多くはないが、ひとたび出動となると、さまざまなリスクと向き合いながらの、過酷で危険度の高い活動を強いられる。その反面、救助活動を無事終えられたときの達成感と充実感はより大きい。

この救助活動は、強風の吹き荒れる稜線での活動となったため、凍傷や低体温、転滑落や転倒、落石などの危険に常にさらされていた。そのなかで、遭難者をいかに安全に素早く救助するかが問われたが、長野県警察やヘリコプターとの連携がスムーズに行なわれ、無事、救助活動を終えることができた。

唯一の心残りは、その日のうちに行方不明者を見つけてあげられなかったことである。遭難者の女子学生をピックアップする際に「OBを見つけて下さい」と言われ、「すぐに見つけるからな」と答えたものの、降雪で完全に谷が埋もれてしまったことで捜索は難航し、発見は雪解けまで待たせることになってしまった。励ますつもりで安易に「すぐに見つけるから」と言ってしまったこと、しかし約束を守ることができなかったことがずっと心に引っ掛かっていた。だから行方不明者が発見されたとの知らせを聞いたときは、亡くなってはいたが、これであのときの学生も安心できるだろうと思ったものだった。

われわれ山岳警備隊は、救助活動だけではなく、ときに山で亡くなった方の亡骸《なきがら》の収容に当たることもある。その家族は、どんな状況や状態であったとしても、自分たちのもとに帰ってきてほしいと願っている。

山岳遭難救助という任務に従事しているかぎり、これからもさまざまな局面と向き合わなければならないだろうが、遭難者やその家族の気持ちに寄り添った活動をしていきたいと思う。

部下を率いる者の責任

宮田健一郎——富山南警察署　一九八二年、大阪府出身

自分だってできる！

平成二十一年三月一日、唐松岳山頂付近で二人の女性が滑落する遭難事故が発生した。

この日は積雪期遭難救助訓練の真っ最中で、私を含む八人の隊員は馬場島から西大谷尾根を越えて劔岳を目指していたが、連絡を受け、訓練を中止して現場へ向かうことになった。

われわれはその日のうちに長野県白馬村へ入り、翌朝、唐松岳山頂へ向けて出発した。メンバーは山岳警備隊員八人のほか、長野県警察山岳遭難救助隊の隊員二人、それに唐松岳頂上山荘支配人の中川惠市さんにも出動していただき、総勢十一人のパーティとなった。

当時、私は入隊二年目で、冬山の遭難救助に出動するのはこれが初めてだった。当然、緊張もあったが、隊員として貴重な体験ができるという期待も入り混じっていた。

この日の現地の天気は大荒れとなり、山は猛烈な吹雪に見舞われた。気を抜けば体が吹き飛ばされそうな強風のなか、唐松岳山頂を目指して一歩一歩慎重に進んでいく。

強烈な風に叩かれて露出した頬や鼻は白く凍り、手足の先は冷え切っていたが、頼りになる先輩に囲まれていたので不安はなかった。「現場に着いたらどんな救助活動になるのだろう」「足手まといにならずに動けるだろうか」「遭難者を担ぐことになれば、ほかの誰よりもたくさん担ごう」などと思いをめぐらせながら、吹雪の八方尾根をたどっていった。

しかし、唐松岳頂上山荘の直下まで来たところで、行く手を急峻なリッジに阻まれた。猛吹雪のなか、この危険箇所を越えるかどうかの判断を迫られたわれわれは、しばらくの間待機して吹雪が止むのを待つことにした。待つ間、時間の経過とともに徐々に体温が奪われていった。金山先輩の顔に大きな氷柱ができていたのが強く印象に残っている。

　結局、一時間以上待っても吹雪は弱まらず、メンバーを厳選して上部を目指すことになった。そのメンバーに私は選ばれず、そこから下山するように命じられた。メンバーのなかでいちばん未熟な私が下山するのは当然のことなのだが、そのときは納得がいかず、命令に従いながらも「なんで遭難者を目の前に残して自分が下山しなければならないんだ」「もうちょっとじゃないか」「自分はできる。なんでわかってくれないんだ」といった思いが心の中を駆け巡っていた。

　その日は吹雪が収まることはなく、上を目指した先輩隊員らもしばらくして引き返してきて、全員が八方池山荘に泊まった。

　翌日、昨日までの吹雪が嘘のように空は晴れ渡り、われわれ全員が防災ヘリで八方池山荘から唐松岳頂上山荘の近くへ送り込まれた。降り立った場所はカチカチのアイスバーンで、私は先輩から「そこから一歩も動くな」と命じられた。やる気満々で来ているのに、この日も救助活動には加われず、活躍する先輩隊員の姿を眺めながらその場でずっと待機するのみ。「助けを求める遭難者がいるのに、なにもできないなんて……」と、自分の無力さに打ちのめされた。

この事故では、谷底まで滑落した女性はヘリで救助されたが、山頂付近で滑落して足を負傷した女性は助からなかった。また、救助要請の連絡を入れるために唐松岳山頂に登った男性は長野県側の谷で遺体で発見され、負傷した女性に付き添っていた男性は唐松岳頂上山荘の脇で瀕死の状態で助け出された。このパーティとは別に、ほぼ同じ時間に同じ場所で滑落していた単独行の男性も、ヘリで救助された。

亡くなった遭難者は、暖かい家に帰って家族に会いたいと思っていたに違いない。あの日、吹雪のなか、這いつくばってでも遭難者のもとにたどり着いていれば、全員助けることができたのではないか。救助が終わったあと、私はそんなことばかり考えていた。

今、振り返れば、当時は「自分だって戦力になれる」「がんばっているんだから認めてほしい」という気持ちが強かったのだと思う。このときはもうひとり私と同期の隊員がいて、私よりも使ってもらっていた。だからよけいに「自分だって」と思ったものだった。

しかし、先輩隊員にとって、当時の私はお荷物でしかなかった。置いていったほうが安心な隊員だったのだ。あのとき、先輩たちは「遭難者を助けるか」「自分の部下を守るか」という判断を迫られていて、結果的にお荷物だった私を守る判断をさせてしまった。つまりは私が先輩たちの足を引っ張ってしまったわけである。もし、自分に先輩たちと同じぐらいの力があれば、遭難者を助けることができたのかもしれない。その思いは今も打ち消せないでいる。

中川さんの話では、このときの遭難者のご遺族は、慰霊登山のため毎年唐松岳にやってきているという。その遺族の悲しみを絶対に忘れてはならない。

重なった遭難事故

この事故から七年が経った平成二十八年四月三十日、私はゴールデンウィークの春山警備のため、警備拠点となる剱御前小舎に入山した。朝、室堂から剱御前へ向かうときは快晴だったが、昼ごろになって天気が急変した。昼前に小屋に着き、昼ご飯を食べ終えたころには猛吹雪になっていたのだ。さっきまでの快晴が嘘のように地吹雪が吹き荒れ、ホワイトアウトであたりの視界はすっかり閉ざされてしまった。

「なにも起こらなければいいのだが」

そう思った矢先、山小屋のスタッフが私達の部屋に駆け込んできた。

「道に迷った登山者から救助要請が入りました」

遭難者は二人で、富士ノ折立付近で救助を待っているという。二人は同じパーティの仲間ではなく、単独行者がそれぞれ道に迷っていたときに偶然行き会ったそうだ。

外の様子を確認すると、尋常ではない吹雪が吹き荒れており、この救助が簡単には進まないことを覚悟した。まずは自分たちの身を守る準備をしなければ救助どころではないので、ありったけの防寒着を着込んで、吹雪に備えた。

山小屋を一歩出ると、体が吹き飛ばされそうな強風が吹いていた。視界は一〇メートルもない。四人の隊員が二人ずつロープで体を結び合って現場を目指すが、一歩を踏み出す先の地面が見えないので、竹の棒で地面を確かめながら進まなければならず、遭難者との距離はいっこうに縮まらない。声は吹雪で掻き消され、汗で曇ったゴーグルがさらに視界を奪う。徐々に体温が奪われ、寒さが体に染み込んでくる。

過酷な状況のなか、滑落や雪庇の踏み抜きに怯えながら、一歩ずつ慎重に歩を進める。

「こんな悪天候のなか、出動できるチームがほかにあるだろうか」「それも普段から厳しい訓練をやらせてもらっているからこそだ」

そんなことを考えている自分を客観的に見つめ、「まだ余裕がある。吹雪に飲まれていないぞ」と確認する。

富士ノ折立が近づくにつれ、遭難者を一刻も早く助けたい思いが募り、「もうすぐ合流できるはずだ」「遭難者の容態はどうなっているのだろう」「どこへ搬送するか」などと、これからの段取りを頭の中でシミュレーションする。

しかし、いくら目を凝らして捜してみても、遭難者の姿は見当たらない。

「いったいどこにいるのだろう。もしかしたら、吹雪で視界を奪われ、どこかまったく別の場所へ迷い込んでいってしまったのかもしれない」

そう思っていたときに無線が鳴った。

「雄山山頂で行動不能になっている遭難者が二人いる。宮田班は雄山の救助へ向かえ」

とのことである。時間は午後五時二十七分。これにより、富士ノ折立の現場は後発の先輩チームに任せることにして、われわれ四人は雄山へ転進することになった。

猛吹雪のなかの救助活動

通い慣れた雄山への尾根道は、晴れていればなんということもないのだが、ホワイトアウトのなかではいつものように進むことはできず、何度もルートを見失った。崖に落ちそうになったり、岩壁に進路を阻まれたりするたびに、GPSを見てルートを修正した。

吹雪は強さを増し、やがてあたりはすっかり闇に閉ざされてしまった。視界はヘッドランプが照らし出す数メートルの範囲しかなく、私はいつの間にかルートを誤り、気がつくと急峻な岩の上に立っていた。

暗闇のなか、正しいルートにもどろうとするのだが、下るルートが吹雪と闇に吸い込まれて、まったく見えない。このとき、私は初めて恐怖を感じた。難しい場所ではないはずなのだが、ルートが見えない状態では恐怖心がさらに膨らんでくる。「落ち着け」「焦るな」と自分自身に言い聞かせながら、仲間にロープで確保してもらって慎重に下っていく。救助する側のわれわれにも、命の危険が迫っていた。

この時点で、私は迷うことなく「撤退が正解」と決断し、近くにある大汝休憩所

平成 18年 3月、剱御前山から剱岳を目指す隊員たち

まで這いつくばるようにして進み、命からがら小屋の中へ逃げ込んだ。小屋に入ってひと息ついたときに、衣類がバリバリに凍っていることに気づいた。これまでの救助の過酷さを振り返りながら、「朝が来たら救助を再開しよう」と思っていたときに、室堂で待機していた先輩隊員から無線が入ってきた。「夜間でも天候が回復次第、救助を再開しろ」との指示であった。

これを聞いて、思わず私はハッとした。「撤退すべきだ」という判断をしたのは、コンティニュアスで行動していても、もしひとりが滑落したら止められるとは思えない状況だったからだ。その判断に間違いはないと信じ込んでいた。しかし、先輩隊員の指示を聞いて、恐怖心を危険にすり替えているのかなという気がしてきたのだ。「安全確保のため朝を待ちます」という判断は、実は恐怖心から逃げようとしていただけではないのか。そんな私の気持ちを見透かしての先輩隊員の指示だったのかもしれない。

今まさに生死の瀬戸際にいる遭難者が救助を待っている。救助できるのはわれわれしかいない。吹雪さえ収まれば暗闇のなかでも行動できるはずだ。朝を待つ必要はなかった。

その当たり前のことを忘れてしまうほど、いつの間にか私は「吹雪に飲まれていた」のだと思う。そう考えたときに、私は人の命の重みに押し潰されそうになった。遭難者が生きるも死ぬも、われわれにかかっているのである。

われわれは一時間ごとに交代しながら外の天気を確認し、吹雪が収まるのを待った。今後の救助に備え、少しは体を休めなければと思うのだが、救助を待つ遭難者のことを考えると仮眠もとれなかった。

結局、夜が明けても吹雪は収まらなかった。早朝、「遭難者から再び通報があった。衰弱が激しい状態のようだ」との無線連絡が入ったが、とても動けるような状況ではない。

午前七時を回って吹雪が若干弱まったことから、七時二十九分、小屋を出て行動を再開した。依然として強風は続いており、若干弱まったといっても風速二〇メートルはあっただろう。ホワイトアウトも解消されず、何度も何度もルートを誤りながら、GPSを頼りに少しずつ先へと進んだ。

遭難者はこの吹雪にひと晩耐え抜き、今も救助を待っているのである。もう私には引き下がる気はなかった。

ホワイトアウトのなか、雄山近くにある見慣れた岩を見つけたときは、思わず「おっしゃー！」と叫んでいた。「おーい」と呼びかけながら捜索を行なっていると、山頂付近から助けを呼ぶ声が聞こえてきた。声のする山頂には祠があり、その隙間で男女二人の遭難者が寒さに震えながらわれわれの到着を待ち続けていた。

「八時三十二分、生存者発見！」

無線で室堂派出所に一報を入れると、「了解！」という返答とともに、その場にいた隊員たちの歓喜する様子が伝わってきた。それを聞いて、「ああ、闘っていたのは現場のわれわれだけじゃなかったんだ」ということを実感した。

二人は低体温症に陥っているものの、受け答えはしっかりしており、命に別状はないようだった。ただちにその場にテントを張って二人を収容し、保温措置を施すと、二人ともみるみる生気をとりもどし、われわれを安堵させた。

その後、三人の応援隊員が室堂から駆けつけてきて、今後の方針について協議したところ、強風下での背負い搬送は困難かつ危険が伴うため、テント内で体力の回復を待ったのち、自力で歩いてもらって下りることが決定した。

下山開始は午後一時。二班に分かれ、コンティニュアスの真ん中にそれぞれ遭難者を挟む形で下っていく。猛吹雪は相変わらず続いており、GPSと勘を頼りにルートを探しながらの行動となった。急斜面では尻セードをさせながら、ゆっくりと確実に下った。

しかし、二ノ越のあたりまで下ったところで、男性のほうが座り込んで動かなくなってしまった。様子を確認してみると、意識は朦朧としており、眼球は白濁して白目を剥いている。そこでこれ以上の自力歩行は不可能と判断し、男性だけ背負い搬送に切り換えたが、強風に煽られるうえ、男性が錯乱状態となって背中で暴れるので危険なことこのうえない。仕方なくシート搬送の要領で、雪上を引きずって運んでいくことにした。

途中、視界不良のため下降ラインがわからず、室堂側へ下り過ぎてしまったが、GPSでなんとか方向を修正して斜面をトラバースし、午後四時五十分、ようやくのことで一ノ越山荘にたどりついた。

運び込んだ二人を山荘に協力いただいて湯たんぽと暖房で加温し、さらに毛布と布団で保温すると、女性のほうは二時間ほどですっかり元気になった。最初は意味不明なことを口走っていた男性も、数時間ほどで回復した。二人には隊員三人が付き添って山荘に一泊し、他の隊員は室堂に下山していった。

助けられなかった命

翌日、山は晴れ渡り、われわれは遭難者に付き添って室堂まで送り届けた。その最中に、富士ノ折立付近で行方不明になっていた男性二人が発見され、ヘリコプターで搬送されたという連絡が入ってきた。二人は昨日と一昨日の先輩チームによる捜索では発見できず、天候が回復した今朝、防災ヘリがフライトして、富士ノ折立の山頂付近に倒れていた二人を発見・収容したのだった。残念ながら、二人は心肺停止の状態だったという。

愕然としたのは、二人が亡くなっていた場所を聞いたときだ。そこは、われわれが捜索して歩いた場所から数十メートルしか離れていなかった。そのわずかな距離を、吹雪に阻まれて捜すことができなかったのである。

そのあたりを捜せるのは自分たちだけだったのに、なぜ発見してあげられなかったのか。もしかしたらあのとき、「次は雄山だ。ここは別のチームが来るからそちらに任せよう」と、気持ちがもう雄山のほうに向いていたのかもしれない。そこで少し踏みとどまって、「もうちょっと捜してから行こうか」となっていたら、助けることができたのではないか。あるいはあの場にいたのが私ではなくほかの隊員だったなら、発見していたのではないか。

私は自分を強く責めた。叶うことなら時間を巻きもどして、あの場所にもどって二人を助けてあげたかった。わずか数十メートル先を捜さなかったために、二人が命を落としたのだ。それを考えると、自分の背負っているものの重さを感じずにはいられなかった。

この報せを聞くまでは、雄山の二人を助けることができたという充実感で満たされていた。しかし、喜びは消し飛び、一気に気持ちが落ち込んで、富士ノ折立の二人を助けられなかったことばかり考えてしまった。

剱御前小舎に戻ると、顔馴染みのスタッフが迎えてくれて、温かいラーメンを振る舞ってくれた。このとき私は、仲間に囲まれて美味しい食事を摂ることに罪悪感を抱いていた。亡くなった遭難者は、もう家族に会うことも、おいしい食事を味わうこともできないのである。

快晴の空の下、いつもと変わらぬ富士ノ折立を、私は真っ直ぐ見ることができなかった。

この事案では、私は部下を率いる立場で活動していた。行動中は常にチームの危険をひりひりと感じ、「今ここでわれわれが事故を起こしてしまっては」ということを何度も考えた。いうなれば、最初の唐松岳の事案とはまったく逆の立場だったわけである。

立場が変わってみて、若い隊員を連れて現場へ行くときの恐怖心は嫌というほど理解できた。唐松岳の現場で、先輩から「いないほうが安全だ」と見られたのは仕方がなかったのかなと思う。

しかし、これらの経験を踏まえて強く感じるのは、「若い隊員が危なっかしいので、安全のために撤退しました」というような言い訳をしてはいけないということだ。若い隊員は彼らなりに努力して、少しずつ力をつけてきている。また、厳しい現場を経験することで、ひとまわりもふたまわりも成長することができるはずだ。

だから若い隊員を言い訳にしないためにも、普段からいっしょにトレーニングや訓練を積み、自信を持って使える仲間を増やしていくことが重要になってくる。それが部下を率いて現場に赴く者の責任なのではないだろうか。

第6章　遭難救助と人事交流

変わらない想い

湯浅真寿――富山県生活環境文化部自然保護課　一九七〇年、北海道出身

出向先での悪戦苦闘

出向の内示は突然やってきた。

こういうものは突然やってくるものだ。組織の人間としては、「事ここに及んでは是非もなし」。観念するというよりは悟りを開いたような心境で、拒むことなど考えも及ばなかった。

平成二十五年十一月二十三日に真砂岳で発生した雪崩は、巻き込まれた七名の方が亡くなるという富山県では過去最悪の雪崩事故となった。事故の報らせを受けたとき、ちょうど実家に帰省中だった私は、札幌テレビ塔の下でのん気にソフトクリームを食べていた。間が悪いことに、隊員のなかで私ひとりだけがこの一大事の非常召集に応じることができなかったのだ。

この事故は社会的影響が非常に大きい重大事故として、県もただちに対応を迫られた。事故後すぐに富山県山岳遭難対策協議会の臨時総会を開き、翌年三月の二回目の臨時総会では、雪崩事故の防止対策として、「立山室堂地区山岳スキー等安全指導要綱」がとりまとめられた。これは、室堂での入山届提出の義務化や現地指導員の配置などの対策事業を柱としたもので、四月の立山黒部アルペンルートの開通に間に合わせて施行することが決まった。

そして、この事業担当者として、富山県警察山岳警備隊の現役隊員であった私が富山県自然保護課に出向することになったのだ。

四月一日。初登庁した私は、いきなり大雨の黒部峡谷の濁流のような激しい仕事の流れに飲み込まれて、意識を失った。それじゃなくてもカナヅチの私はまったく泳ぎができないのだ。

四月十六日の立山黒部アルペンルートの全線開通までに、現地指導員を雇用し、室堂ターミナルに窓口となるブースを設置し、専用ホームページを立ち上げ……。やらなければならないことが多すぎて、なにから手をつけていいのかわからないので、とにかく手当たり次第に手をつけていった。加えて従来からの担当業務である条例の登山届や自然公園の許認可申請が、容赦なく溜まっていく。文字どおり書類の山がみるみる積み上がっていくのを、ただ呆然と眺めるしかない絶望的な状況のなかで、「絶望」という感情を忘れてしまうほどに意識が飛んでいた。

ようやく意識を取りもどしたのは、六月になってからだった。この二カ月間を思い出そうにも断片的な記憶しか残っていない。覚えているのは毎日吐き気がしていたことくらいだ。いったいどうやって乗り切ったのだろう？　本当に乗り切れたのかさえわからずに不安になった。

意識がもどると同時に、胃がキリキリと痛むことに気づいた。ネットで検索してみると、「胃潰瘍」の症状そのものだった。病院に行くこともままならず、某有名第一類医薬品を飲みまくって耐えた。

気がつくと夏が終わって秋になっていた。冬には病院で正式に胃潰瘍と診断され、医者から見せられた内視鏡の画像には、穴が二つはっきりと映っていた。

こうして振り返ると、ただ時間だけが過ぎていったようで、私がいったいなにをしていたのかは理解できないかもしれない。私にもうまく説明できない。とにかく仕事に追われ忙殺されていたとしか言いようがないのだ。

なにもかもが初めてのことで、仕事の進め方もまったくわからなかったが、自分の立場を憂いたり能力のなさを恥ずかしがっている時間がもったいないので、とにかく周囲の迷惑も顧みずに聞きまくるしかなかった。元来ずうずうしい性格ではない私は、これまでできるだけ他人に迷惑をかけないように生きてきたつもりだったが、そんなことを言っている場合ではなかったのだ。

だがほんとうのところは、上司や同僚に恵まれて、常にまわりがフォローしてくれていたのである。もっぱら遭難者を救助する立場にあった私が、逆に周囲から救助されていたのだ。最初は同情だったかもしれない。警察から来て悪戦苦闘している姿は気の毒で危なっかしく映ったことだろう。

しかし、都合よく解釈させてもらえば、私の仕事に対する姿勢が周囲に伝わったのかもしれないとも思っている。自分を顧みない自己犠牲の精神。それは私が山岳警備隊員として遭難者を救助するなかで培われた精神だった。私がこの職場で生かすことができる隊員時代の経験は、それくらいしかなかったのだ。

そしてもうひとつ、山岳警備隊の看板を背負っている責任。吐き気がしようが胃が痛くなろうが、看板を汚すようなみっともないマネはできないと思っていた。

身体が壊れるか心が壊れるか、どっちが先なのだろう？　今まで山では味わったことのない言い知れぬ恐怖を感じながら、漠然とした覚悟だけはできていた。

山岳警備隊員に必要なものは？

山岳警備隊という狭い世界に身を置いていた私は今、少し離れた広い場所から客観的に隊を見ている。外から見ていちばん感じるのは、人命救助という崇高な使命に燃えて仕事ができることへの羨ましさだ。離れたからこそわかることで、おそらく多くの現役隊員は明確に意識もしていないだろう。

だからこそ、隊員の意識もしない純粋な使命感に頭が下がる。理不尽とも言えるような厳しい訓練に耐え、命の危険を感じるような現場に向かう隊員の想いには、俗受けをねらうようないやらしさはない。そんな仲間たちといっしょに仕事をしてきたことを誇りに思うのだ。一般の登山者から隊に寄せられる評価も、そんな隊員の想いを汲んでいただいているのかもしれない。

評価といえば、隊は「日本一の山岳レスキュー」と評されることがある。それは、今年発足五十周年を迎えた、隊の偉大なる先輩たちの献身的で地道な活動に対する評価だと受け止めている。

ただ、現役の隊員が自ら口にすべきことではないし、当の本人たちも日本一にこだわって仕事をしているわけではない。そもそもメディアに持ち上げられ過ぎているきらいもある。ありがたい評価ではあるが、人命救助に関わる公的機関に優劣をつけるような表現に、違和感を覚えているのは私だけではないだろう。

外から見た私の評価は、日本一かどうかはいざ知らず、「最強の部隊」であると言い切れる。その根拠は「痛み」を知っているからだ。隊は過去に救助活動や訓練中に三名の隊員の尊い命を失っている。決して忘れることのできない、言葉ではとうてい言い表わせない心の「痛み」だ。仲間であるわれわれがそうなのだから、残された家族の心情は察するに余りある。そして、業務として救助を行なっているわれわれにとって、そんな大切な者を失う痛みを知らずして、真に職務を全うすることはできないとも思うのだ。

だからわれわれは、自分たちの安全対策にも妥協を許さない。平成二十三年の丸山さんの殉職事故後も、隊は停滞することなく前に進まなければならなかったし、実際に遭難は待ったなしで日々発生し、救助活動と並行しながら全力で安全対策に取り組んできた。それは、徹底的に意識を変えることから始まり、ときには喧嘩のような議論を重ね、対策を検討し、技術を磨き……。一般の登山者が見たら「バカげている」と思うようなことでも、安全のために愚直に実践した。それは事故から五年経った今も、終わることなく続けられている取り組みだ。こうした、二度と殉職事故を起こしてはならないという不退転の決意こそが、私の評価する「最強」たる所以でもある。

隊員としていちばん大切なのは、まずは自分の命を守ることだ。では、一人前の隊員とはどんな隊員なのだろうか。

私が考えるそれは、自分の命と同じぐらい大切にしている家族や恋人や仲間を守ろうとする気持ちを、見ず知らずの登山者にも持てる隊員だ。技術や体力は自分の努力でいくらでも身に付けることができるが、いざというときに力を発揮するよりどころとなるものは、登山者に寄り添い遭難者を想いやる気持ちにほかならない。

今や押しも押されもしない隊の現場トップである野中小隊長が、あるメディアの取材で「隊員に必要なものはなにか？」という問いに、たったひとことで答えたという。

そのひとことというのが「優しさ」だった。

この話を本人から聞かされたとき、「よくもそんな恥ずかしいことを！」と絶句した。だが私が言いたいことも、詰まるところそういうことなのである。なんの捻りもない言い尽くされた言葉かもしれないが、そのひと言に秘められている意味は深い。

最悪の結果を招く前に

自然保護課への出向も三年目に突入した。この間、大過なくなんとかやってこられたのは、たくさんの人に助けられてきたからだ。職場の同僚だけでなく、私が困ったときにはいつも、これまで私が隊員として関わってきた多くの方々が力になってくれた。それは、私個人に対するものではなく、山岳警備隊に対するご厚情だと思っている。

外に出て改めて気づかされるのは、隊が多くの人々から信頼され期待されているということだ。私個人が発言するような機会にも、山岳警備隊という後ろ盾があってこそ意見を聞き入れてもらえるようなこともある。条例の登山届に対する事前指導では、最初は「県庁の職員がなにを生意気な！」といった態度だったのが、私が山岳警備隊員であったことを説明したとたん、「こんな仕事もしてるんですか、お疲れさまです！」と素直に聞き入れてくれることがたびたびあった。

ただ、今のこの業務を通じて、遭難者を救助する以上に事故を未然に防止することの難しさも実感している。行政の果たすべき役割の限界を感じていると言ってもいい。結果が見えない仕事に対する辛さもある。

だが、この難しい命題に取り組むとき、やはり私の後ろ盾となるものは、悲惨な事故を何度も目の当たりにしてきた隊員時代の経験だと思うのだ。

事故を常に目の当たりにしている隊員の本音は、「こんなことになる前になんとかならなかったのだろうか？」「こんなことになるのなら、山になんか登らなければよかったのに……」である。

かつての私は、目の前の遭難者を助けることに精一杯で、死亡事故という最悪の結果に立ち会うたびに、変わり果てた姿で家族と対面することを想像して、やるせなく切ない気持ちになっていた。そして今は、取り返しのつかない事態になる前に、なんとか事故を防ぐようにすることの重要性を、改めて感じるようになっている。

今の私の仕事は、事故現場で目の前の命を助けることではない。だが、自らを顧みずただ必死に目の前の遭難者を助けようとしていた隊員時代の純粋な気持ちは、今も変わらず残っている。どんな仕事をしても、どんな立場にあっても、その気持ちは忘れたくないし、決して諦めずに前を向いて進んでいきたい。

富山県警察山岳警備隊の教え

増子剛史――山梨県警察北杜警察署　一九八五年、栃木県出身

富山県警察へ出向命令

平成二十七年八月四日。この日、私は室堂警備派出所で夏山警備に就いていた。七月中旬に約十日間におよぶ夏山訓練を行ない、それが終わるとすぐに室堂警備が始まった。夏の室堂は涼しく快適だが、昨年まで警察署で交通課勤務をしていた私の緩んだ体には、そろそろ休憩が必要だ。

「雷鳥坂で小学生が自力歩行不能。吐き気を訴えている」

救助要請の通報が入る。疲れていたはずだが、緊張で体がシャキッとする。

「増子もいっしょに行ってこい！」

そう言われて興奮気味に準備を整え、同じく目をギラギラさせた先輩隊員と室堂警備派出所を飛び出した。

私は平成二十年に山梨県の警察官を拝命し、警察署勤務の傍ら、高校のときから登山をやってきた経験を活かして（高校では山岳部、大学ではワンダーフォーゲル部に所属していた）、山岳遭難にも対応させてもらっていた。

本業の交通課では、交通取締り、車庫証明の事務手続き、ときには小学校で交通安全教室を行なったりと、忙しくも充実した毎日を送っていた。

山での遭難救助活動で出動していくのは、年に数回程度。イレギュラー的な、その場限りの仕事であった。

あるとき、南アルプスの笊ヶ岳で登山者が行方不明になるという事故が起きた。ひととおり登山道を捜したが発見できず、捜索範囲をルート外にも広げることになった。

私を含め、めっきり運動する機会が減っている仲間たちと道なき急斜面を登っていく。登山の経験がまったくない者も少なくない。私は登山の格好で出動したが、後輩は綿のズボンに支給された編み上げ靴を履いている。歩きづらいことこのうえなさそうだ。

ちょっと気を抜いたときに、急斜面でうっかりバランスを崩してしまった。声にならない声を出し、全身がカッと熱くなる。無我夢中で近くの木にしがみついた。

二重遭難の一歩手前だった。

「これじゃいけないよな……。いつか絶対、自分たちのほうが事故を起こすぞ」

そう感じた現場からほんの数カ月後、富山県警察山岳警備隊との人事交流が行なわれることになった。

これだ！　と思った。遭難者を助けるために、そしてなにより自分と仲間たちの命を守るために、富山で救助のノウハウを学びたい。当時は結婚したばかりだったので迷いもあったが、周囲の人たちが「行ってみたらどうだ」と言ってくれたこともあり志願した。

平成二十七年三月三十一日「辞令、山梨県警察辞職を承認する」

平成二十七年四月一日「辞令、富山県警察山岳警備隊を命ずる」

こうして二年間におよぶ富山県警察への出向が始まった。

印象に残った背負い搬送

室堂警備派出所を出発し、観光客や登山者で賑わう室堂を走り抜ける。要救助者の小学生は学校登山中に体調を崩し、先生が付き添っているという。おそらくは高山病か熱中症だろう。

私の小さなザックには、パルスオキシメーターとスポーツドリンク、メモ帳一式だけが入っている。重さなんて感じない、はずだった。

あっという間に先輩隊員の姿が見えなくなった。室堂周辺は石畳が整備されているとはいえ、階段も傾斜もある。荷物よりも、自分の体の重さが憎い。

ほどなくして「遭難者と合流。背負い搬送で室堂に向かう」という無線が入ってくる。私が現場に着く前に搬送が始まってしまった。

息も絶え絶えになって先輩たちと合流し、今来た道をすぐに引き返す。先輩の背中には、子どもが背負われている。よし、今度は走らなくていいぞ。

「SPO2を測ってくれ」

先輩から指示を受け、パルスオキシメーターを取り出す。

子どもを背負った先輩の足取りは、思いのほか速い。並行するように歩き、子どもの指に機械を取り付けようとするが、うまくはまらない。

「エス…ピ…、きゅう…じゅう……いちです」

息が上がって声が出ない。SPO2九一パーセント、先輩に伝わっただろうか。数値はやや低めだが問題はなし。ただし、私のほうが間違いなく酸素を必要としている。

「よし、背負い交代」

先輩に言われ、深呼吸してから子どもを背負う。子どもに気遣いなんてさせられない。

「体の力抜いちゃっていいよ。楽にしてね。背負われていて苦しいところあったら教えてね」

明るい声と、がんばってつくった笑顔で声をかける。

「重くても重くない。辛くても辛くない」というのが、富山県の山岳警備隊魂。でもちょっぴり重いし辛い。

背負うほうが辛いのはもちろんだが、背負われるほうも実は辛い。

七月の夏山訓練最終日の前日、突如、左足が痺れて指先の感覚がなくなってしまい、訓練を途中リタイアすることになった。たまたまその日は想定救助訓練が行なわれる予定だったので、私が遭難者役となり、ほかの隊員に背負われて剱沢から室堂まで下山することになった。

背負う隊員の辛そうな息遣い、周囲の視線、動けないことによる寒さ、背負いバンドの締め付けによる痛さ――すべてが辛かった。申し訳なかったし、情けなかった。ただ、遭難者の気持ちが少しだけ理解できたと思う。

「背負われることもいい経験。絶対現場で役に立つ」

副隊長からかけてもらった言葉が、子どもの重みで思い出された。

たった数分、たった数百メートルの背負い搬送だったが、とても印象的な現場だった。

平成二十八年四月、私は一年間の出向を終え、山梨にもどった。

富山県警察山岳警備隊と山梨県警察山岳救助隊の違いを強く感じた一年だった。山梨は晴天率が高いため、ヘリコプターでピックアップするレスキューが多い。一方、厳しい冬山の悪天候下でも、担いで下ろしてくるのが富山である。それを可能にするための訓練は当然厳しく、体力的にも精神的にもすごく苦しかったし辛かった。

もちろん、たった一年間の出向で、富山の山岳警備隊員と同等の技術や体力が身につくわけはない。しかし、気持ちの面では、大きく変わったと思う。今の山梨県では、遭難事故が起きたときに、私以上に山の経験のない隊員たちが、危険な現場へ駆けつけていくわけである。ケガをするかもしれないし、最悪、命にかかわるかもしれない。

二重遭難を起こさないようにするには、今の体制を改善する必要があるし、われわれもっともっと訓練を積んでいかなければならない。私たち山に携わる警察官の責務は、遭難者を救助することである。困難な現場で、より早く、より安全に救助活動を行なうために、やるべきことはまだまだ多い。それが、富山から帰ってきて今、感じていることだ。

「重くても重くない。辛くても辛くない」

富山の山岳警備隊魂を胸に、これからも山梨を訪れる登山者の安全に貢献していきたいと思う。

山梨から富山に出向してきて

原　祐貴——富山県警察本部生活安全部地域課　一九九〇年、東京都出身

私が登山を始めたのは高校のときである。なんとなく山岳部に入部して、関東周辺の山で日帰り登山やロッククライミング、沢登りなどをやっていた。大学進学後は、高校で経験できなかった冬山に登ってみたいと思い、やはり山岳部に入部した。山岳部では、年末年始の冬合宿を集大成として、北アルプスなどで年間六回の合宿を行なっていた。

大学四年生になって将来を考えたとき、このまま就職せず大学に残って登山を続けようとも思ったが、山梨県警察に就職していた山岳部ＯＢに薦められて山梨県警察を受験することにした。どうせ働くのなら、それまで学んできた登山の技術を活かせる山岳救助関係の仕事をしたいと思っていたので、富士山や南アルプス、八ヶ岳、奥秩父などの山を抱える山梨県の警察官なら希望が叶うだろうと思ったのだ。実を言うと、富山県警察の試験も受けたのだが、残念ながら不合格であった。

山梨県警察の警察官を拝命したのは平成二十五年で、警察学校卒業後は富士吉田警察署に配属になった。富士吉田警察署は富士山の山梨県側を管轄していて、年間を通して遭難事故も多かった。配属直後はまだ実習生という立場だったが、登山経験があるということで現場があれば出動の命令がかかり、平成二十六年四月には正式に救助隊員に任命された。

富士吉田警察署にいたときにいちばん記憶に残っているのは、平成二十六年十二月二十八日、富士山吉田口九合目の下山道付近で三十代の男性単独登山者が滑落し足を負傷という事故である。

このとき私は休日で東京の実家に帰省していたのだが、夕方五時ごろ上司から連絡を受けて、すぐに署に帰ってきた。概要を確認すると、この日のうちにヘリが出動したものの、強風のために救助できず、その場にとどまっているように指示をして帰投したという。ところが翌朝、救助に向かう前に遭難者の携帯に電話を入れると、遭難者は自力での下山を試みて、現在は岩陰に避難しているとのことであった。

われわれはその位置を予測し、民間の救助隊員といっしょに現場へ向かったのだが、悪天候と積雪により捜索範囲を広げられず、発見には至らなかった。その後、範囲を広げながら年明けまで捜索するも発見できず、遭難者との連絡も途絶えてしまった。捜索中に来署した遭難者の家族は、複雑な思いを抱えているように見え、申し訳なく感じたものだった。遭難者がようやく発見されたのは、事故から約半年が経過した五月のことであった。

この事故に対応していた平成二十七年一月二日、富士山でもう一件の遭難事故が発生した。吉田口の馬返しから山頂に向かった男性登山者が下山予定日を過ぎても帰宅しないという概要である。この遭難者は、一件目の遭難者の捜索中に、沢のなかで心肺停止状態で発見された。その現場には、強風でヘリが接近できなかったため、私と三人の民間救助隊員が、ツエルトで梱包した遭難者を林道まで搬送してきた。

この二つの遭難事故を振り返って痛感したのは、状況確認や現場での判断の難しさだ。また、一件目の事故については、夜間でも出動できたのではないか、山の状況をもっと詳しく把握していれば遭難者の位置を特定できたのではないか、という思いが残った。

山梨県警察にも強い救助隊が必要だと感じるようになったのは、これがきっかけであった。

その思いが通じたのか、平成二十七年四月から富山県警察との人事交流が始まった。

初めてこの話を聞いたとき、富山県警察の試験を受けて落ちていた私は真っ先に手を挙げた。しかし、出向の要件を満たしていなかったため、残念ながら見送られた。

その代わり、山梨県警察の本部地域課には富山県警察から飛弾係長が出向してきて、富山県警察山岳警備隊のノウハウを指導してもらえることになった。従来の山梨県警察山岳救助隊の訓練は、年に一回、三ツ峠の岩場で民間救助隊員に懸垂下降やロープワークを習う程度で、不充分だった。しかし、飛弾係長が来てからは、三ツ峠の訓練のほかに月に一回の定期訓練が行なわれるようになった。その内容は、基礎的なロープワーク、登攀システムや支点構築のしかた、遭難者の吊り下ろしと引き上げ、搬送法、救急法など。さらに安全管理や危険予知の考え方・方法についても指導を受けた。

それまでわれわれは訓練といえるほどのことはしてこなかったので、教えてもらって初めて知ることも多く、ときには難しく感じることもあったが、訓練を重ねていくうちに徐々に覚えていった。平成二十七年十月からは、飛弾係長と同じ警察本部生活安全部地域課救助係に異動となったため、おのずと訓練や現場に行く機会も増えていった。

そして平成二十八年度には、かねがね「人事交流が継続するのであれば富山県警察に行きたい」と言っていた希望が叶い、富山に出向することが決まった。

富山に来てみて思い知らされたのは、やはり山梨の救助体制の脆弱さだった。山梨では、県警察救助隊員といっても登山経験のない者ばかりで、雪のある山に登れる隊員はほとんどいなかった。事故が発生したときも、警察署の若手のなかで他に勤務のない者が救助に向かうという状態であった。

しかし富山の場合は、山岳警備隊の常駐隊員が室堂、剱沢、馬場島の各警備派出所に配備されており、周辺で遭難事故があれば迅速に対応できる体制が整えられていた。地上部隊とヘリコプター、山岳警備隊と関係者（山小屋や遭対協の隊員ら）の信頼関係も構築されていて、連携して救助にあたっている。だからこそ、たとえ天候や時間的に厳しい状況であっても、「安全が確保できる」と判断すれば出動していけるのだろう。

また、個々の隊員の意識と能力の高さにも驚いた。山岳警備隊を志して全国から隊員が集まってくるだけのことはあって、休日でも個人的に山に行ってトレーニングを行なっている。山梨では、休みの日に山に行く隊員はほとんどいなかった。訓練については、まだ春山ミニ訓練しか経験していないが、限られた日数で効率よく訓練できるよう考えられていると感じた。悪天候や遭難発生時間を想定したうえで、安全管理を徹底しているのもさすがである。

富山にきてまだ数カ月しか経っていないが、こちらにいる間に、訓練や警備、実際の救助活動を通して山岳遭難救助の技術をできるだけ身につけたいと思う。そして山梨県警察にもどったら、遭難者を迅速かつ安全に救助できるように、救助隊の技術の向上と体制の強化を図り、いずれは富山県警察のように登山者や関係者から信頼される強い救助隊を構築していきたい。

第7章　痛恨の殉職事故

頂へ結ばれたロープ

野中雄平——上市警察署　一九七六年、富山県出身

遠い頂

平成二年三月七日、積雪期山岳遭難救助訓練中に、警備隊員の鍛治啓一郎さんが早月尾根上部カニのハサミ付近で雪崩に遭い殉職された。この事故は私が入隊以前の出来事であり、その後の積雪期の訓練については試行錯誤の連続であったと聞いている。

ただ、訓練自体は中断することなく継続され、事故の翌年は細蔵山で、二年後には小窓尾根での訓練が行なわれている。しかし、あるときは悪天候、またあるときは隊員の負傷などもあって、訓練で再び隊員が剱岳の山頂に立てたのは平成十一年のことであった。実に事故から九年の歳月を要したわけである。

その時期とほぼ重なる平成十二年に、私は山岳警備隊に入隊した。以降、平成二

十三年までは、それまでの試行錯誤が嘘であるかのように、早月尾根はもちろん、北方稜線（平成十四年）や小窓尾根（平成十八年）、別山尾根（平成二十二年）と、さまざまなルートからの冬期登頂が幾度も成されていった。それは積雪期の訓練であると同時に、より確実な救助活動を行なうためにルートを踏査するという意味でも大きな成果を得られたのである。

なぜわれわれが積雪期の訓練において劒岳の登頂にこだわるのかというと、冬の劒岳で孤立した遭難者を救助するという想定のもとで、早月尾根を救助ルートとして踏破できることが、富山県警察山岳警備隊に求められる最低限のことだと認識しているからだ。それに加え、小窓尾根や赤谷尾根など、ほかのルートにも精通していれば、よりいっそう事故に対応しやすくなる。

それぞれ特色のあるいろいろな山で訓練を行なうことも、たしかに技術向上のひとつの手段だが、同じ山に通うことで引き継げるものもあると思う。毎年、劒岳周辺で冬山訓練を行なっているのは、こうした理由による。

しかし、平成二十三年、再び訓練中の殉職事故が起きてしまった。二月二十八日、小窓尾根隊が池ノ谷ガリーにて雪崩に流され、丸山政寿さんが殉職されたのだ。

このとき私は早月尾根隊だったので、現場にはいなかった。早月尾根の獅子頭を抜けたあたりで事故発生の無線連絡を受け、「どうすればいいんだろう」と思ったことを思い出す。すぐにでも現場に駆けつけたいという気持ちは当然あるが、それが許されるのかどうか。そこから引き返すにしても、雪崩事故が起きている状況下で、自分たちの安全を確保してどうやってもどるか。なにしろ詳しい状況がわからなかったので、いろいろなことを考えながら、やきもきした状態で待機しているしかなかった。その後、「もどってこい」という連絡があり、現場には行かずに早月尾根を歩いて下山した。

この事故後、隊の活動はある意味では停滞し、またある意味では進んだと思っている。事故が起きたという結果がある以上、なんらかの原因があることは確かだ。である以上、それを完全に排除することはできないかもしれないが、できる限り排除した訓練を実施しなければならない。では、どうすれば安全を確保できるのか。それをいろいろな角度から模索した。旧弊や慣習を見直すのはなかなか難しいが、もう絶対に事故は起こせないから、それをしなければならなかった。

事故から一年が経過した平成二十四年の積雪期訓練は、室堂ターミナルを拠点とした立山周辺で実施された。前年に事故があり、中止となってもおかしくはない状況だと思っていたので、訓練が行なえたことがほんとうにありがたかった。この訓練では、安全対策についてみんなで何度も話し合った。その一環として、ランニング（ビレイ）を用いたコンティニュアスの習熟を目指したり、長いフィックスロープを取り入れたりしてみたが、なかなか上手くいかなかった。室堂からの帰路に見えた劔岳が、はるか彼方に感じたことをよく覚えている。

二年目の平成二十五年は劔岳にもどってくることができ、早月尾根で訓練を行なった。しかし、諸事情により標高二六〇〇メートル手前で訓練は中止となり、予定より二日早く下山した。私は警察学校に入校していたため訓練には参加できなかった。

三年目の平成二十六年は隊員全員で早月尾根に取り組んだ。入山するまでは順調だったが、その後は不安定な積雪に悩まされて、四日間を早月小屋付近で過ごした。標高二三〇〇メートルの雪壁基部で何度となく積雪調査を行ない、行動判断について話し合った。そのなかで、隊員の取るべき判断姿勢が培われていったように感じた。結局、最高到達点はこの二三〇〇メートルだったが、この経験があったからこそ、翌年の訓練では自信を持って判断することができたのではないだろうか。

四年目の平成二十七年の訓練では、標高二二〇〇メートル地点の早月小屋の裏にある大きなダケカンバの木から剱岳山頂の社まで固定ロープをつなぎ、私を含めた四人が頂上に立つことができた。私の十五年間の隊員歴のなかで、最も心に残る剱岳登頂となった。

二二〇〇メートルから二九九九メートルの頂上まで、一分の間隙もなく固定ロープをベタ張りするという案は、中心となる隊員との話で決まっていった。その礎となったのが、前年に二三〇〇メートル地点で過ごした時間だ。計画の立案時から不思議と不安は覚えず、判断に迷うところもほどんどなく、隊全体が剱岳の頂上へ向けてまとまっていくのは、心をひとつにして救助に向かうときのようで、心地よい感覚だった。頂上へ向かう四人はもちろんのことだが、それ以上に荷揚げやサポートを担当した隊員が、それぞれの役割を自主的に果たしてくれた。登頂班のリーダーとしてほんとうに心強く、またありがたかった。

山頂に立ったとき、私が思い浮かべたのは、四年の間に苦楽をともにしてきた上司や先輩、同僚、後輩、そして丸山さんのことである。また、今は除隊されている

ＯＢ隊員や、隊を取り巻くさまざまな関係者の方々……。その先に今回の頂はあった。これは大きなチームとしての成功であり、その成果を誇りに思っている。

理不尽・無茶・ムダ

われわれは、今後も真に安全で精強な山岳警備隊をつくりあげていかなければならない。「確実な安全性」を確保しながら、山という不安定な状況のなかで、いかに救助活動を行なうか、現在も試行錯誤の最中である。しかし、もう二度と殉職者を出すわけにはいかない。

人は忘れていく動物である。これまでの事故から得た教訓や、積み重ねてきた失敗を真の財産とするためには、ときどき過去を振り返りながら先へ進まなければならない。さらに隊の経験を次の世代に引き継いでいくこともわれわれの務めであろう。

若い隊員に引き継いでいくものは、なにも技術的なものだけとはかぎらない。課題は、隊の精神性のようなものを、どのように引き継いでいくかだ。技術は積み重ねていくことで向上していくが、精神性はそういうわけにはいかない。われわれ中堅以上の隊員が、できるだけそういう機会をつくるようにすることもまた大事なことである。

私は、精神的なものを伝えるためには、理不尽・無茶・ムダが大事だと思っている。なぜなら、われわれは非常時に対応するチームだからだ。そのためには事務仕事のように淡々とこなしているだけではダメで、ここぞというときに無理をきかせられなければならない。無理を通してこなかった人間が、いざというときに無理をきかせられるのか、という話だ。ムダに荷物を背負うのもそう。ムダに飯を食うのもそう。きれいごとを言っていてもしょうがない。そういう気風は絶対に必要だと思う。

ただ、理不尽・無茶・ムダは、訓練などを通して隊の気風を育てるために必要なことだが、現場では絶対にやらない。安全を管理したうえでやるからいい話なのであって、現場でそれをやると事故につながってしまう。

また、もちろん行き過ぎるのもよくない。とくに今という時代は、そういうことに対してとても敏感になっている。だからそのさじ加減は難しく、常に頭を悩ませている。

今、私は常駐隊員になって三年目だが、山の仕事に専念できるのはありがたく、やりたいこともいっぱいある。どうすればよりよい隊にすることができるのか。一年を通して、そのことばかり考えている。隊の目指す頂はまだまだ遥か彼方である。

えらいがんよ〜（高瀬隊長の口ぐせで「大変だ」の意味）。

たった一つの命を救え！

飛弾晶夫――山梨県警察本部地域課救助係　一九七〇年、富山県出身

遭難救助のプロフェッショナル

私が富山県の警察官を拝命したのは平成元年四月のことである。「体を使って困っている人を助ける仕事をしたい」というのが、警察官を志した動機だった。警察学校卒業後は、中学・高校と続けていた柔道の経験が認められ、柔道特練員として警備部機動隊に配属された。当時の私は、富山県警察に山岳警備隊という全国に誇れる救助組織が存在することをまったく知らなかった。それればかりか、生まれ育った朝日町というところではあまりにも山が身近な存在であったため、「山なんて、歩いていれば登れる」と軽視していたくらいだった。

しかし、機動隊でレンジャーやスクーバなど特殊部隊の経験を積んだことが、山岳警備隊の過酷な救助活動への興味を芽生えさせていくきっかけとなった。人命救

助という点では、海も山も根っこは同じである。海、山にこだわらず、やりたかったのはとにかくレスキューであり、それが徐々に山のほうに傾いていったということなのだろう。

機動隊は平成十年、二十八歳のときに除隊となったが、体力を持て余していた私は「山岳救助に関わりたい」という希望を出した。また、スクーバの部隊にいたときにバディを組んでいた大江分隊長が推してくれたこともあり、その翌年、願いがかなって上市警察署への異動と同時に山岳警備隊への入隊を果たした。

以降十七年間にわたって山岳救助に従事してきたが、そのうち平成二十年四月からの六年間は、山岳警備隊のなかでも精鋭部隊と位置づけられる常駐隊員の小隊長として、標高二四五〇メートルの日本一高い場所にある上市警察署室堂警備派出所で勤務した。

そして平成二十七年四月からは、山岳救助の人事交流のため富山県警察の代表として山梨県警察へ出向し、山岳救助隊員に遭難救助のノウハウを指導している。

富山県の山岳警備隊を離れてみていちばん感じているのは、山岳警備隊の組織力や救助技術の高さは当然として、これまでの経験や伝承から救助活動の安全性に対する隊員個々の管理意識が非常に高いレベルにあるということだ。

救助技術と同時にこの安全性に対する意識を山梨県警察の救助隊員とも共有し、より高いレベルにつなげたいと思っている。

富山県警察山岳警備隊はプロフェッショナルな遭難救助の部隊である。では、なにを以ってプロフェッショナルとするのか。私が山岳警備隊員として遭難救助に携わってきた十六年間の経験を通し、また諸先輩隊員から感じ取ってきたものからすると、その定義として次の三つが挙げられると思う。

まずひとつ目は「体を賭け、危険と背中合わせで活動する部隊である」ということ。われわれは、自分の足で現場へ行き、自分の背中で遭難者を背負って救助してくる。頼りになるのは、自分の体力と気力のみだ。しかし、山岳地帯には危険な罠が数多く潜んでおり、それらをすべて読み切ることは大変難しい。非情な現実として、われわれはこの危険な罠によって過去に三人もの隊員の命を奪われている。まさに、いつ命を取られてもおかしくない状況のなかで活動している部隊なのである。

二つ目は「自分で判断し、自分で行動を決める」。遭難者の命を救うためには、迅速に救助活動を行ない、一刻も早く医療機関へ引き継がなければならない。だが、現場には多くの危険が潜んでおり、そのなかで救助を行なうわれわれが命を落としてしまってはなんの意味もない。

そこで重要になってくるのが、安全性と迅速さという相反するものが求められる現場で、どうするのがベストなのかを自分で判断して行動するということである。過酷な状況下では、判断ミスは命取りになってしまう。正確な判断を下すためには、天候、地形、装備、隊員の技量などすべてを冷静に分析する必要があり、その能力が隊員には求められる。

言われたことをするだけなら誰でもできる。そうではなく、自分で判断して行動し、道を切り広げるのがプロフェッショナルというものではないだろうか。

三つ目は「山岳警備隊員としての誇りと使命感をもって活動する」。富山県警察山岳警備隊には、歴代の諸先輩隊員から語り継がれてきた、隊訓とも言うべき二つの言葉がある。

「世界にたったひとつしかない命を救え！」

「苦しくても苦しくない！　辛くても辛くない！　寒くても寒くない！」

どんな人であれ、その人の命は世界にたったひとつしかなく、失ってしまっては二度と戻ってくることはない。そしてその人が命の危機に瀕しているときに、必ずどこかに「生きて帰ってきてほしい」と必死に願っている人がいる。その願いに応えることができるのは、われわれ山岳警備隊しかいない。

決して言葉には出さないが、山岳警備隊員なら誰もが心のどこかで「いつ死んでもおかしくない」と思ったことがあるはずだ。そこまで覚悟するのは、たったひとつの命を救うことに、自らの命を懸けるくらいの価値を見出しているからにほかならない。それこそが、山岳警備隊員としての誇りと使命感なのだと私は思う。

守りたいもの

危険を伴う場所で救助や訓練を実施するにあたり、私が絶対に守りたいと思っていることがある。それは、「山で死んではいけない。死なせてはいけない」ということである。

前述したとおり、富山県警察山岳警備隊は、隊が発足した昭和四十年三月から今日に至るまでに、三人の隊員が殉職（うち一人はＯＢ）している。

そのうちの一件に私は深く関わっており、そのことで残された家族の方には悲痛な思いをさせてしまい、また自分自身にも悔やんでも悔やみ切れない自責の念がいまだにある。だからこそ、「山で死んではいけない。死なせてはいけない」と強く思うのである。

事故は平成二十三年の冬、その年度の総決算ともいうべき積雪期山岳遭難救助訓練のさなかに起きた。私が率いる訓練班は、信頼できる経験豊富な先輩隊員ひとり、私の他に中堅隊員三人、若手隊員の計六人編成だった。

当時の私は、常駐隊の小隊長となって三年が経過しようとしており、立場的にも経験的にも山岳警備隊の中心となりつつある存在で、血気盛んな時期でもあった。しかし、今振り返ってみれば、登山技術や経験が充分にあるとは言い切れない、どこか物足りない実力でもあったと思う。

その当日、われわれは難所のひとつである三ノ窓池ノ谷ガリーという急峻な雪の斜面を登っていた。突如上部で雪崩が発生したかと思うと、先頭を登っていた若手隊員と、その直近でサポートをしていた先輩隊員、そして少し離れたところを登っていた私の三人があっという間に飲み込まれた。圧雪した雪に体の自由を奪われ、成す術もなく何度も体が叩きつけられた。雪崩に流されるなかで、妻と子どもの顔が浮かび、「もう二度と会えないのか」と思った。

ようやく雪崩が止まったとき、幸いにして意識は失っていなかった。後日、標高差にして九〇〇メートルほど流されたことを知った。体を動かそうとしたら、上半身はまったく動かなかったが、足がばたついた。完全埋没ではなく、両足の膝上が雪面から出ていたのだ。

どうにかして雪のなかから這い出してみると、そこには真っ白な音のない世界が広がっていた。そのとき痛切に感じたのは、ただ「ひとりになりたくない。誰かといっしょにいたい」という思いだった。

雪崩発生時、私は少なくとも二人の隊員が流されるのを目撃していた。あたりを見回してみると、すぐそばの雪面で埋まっていた若手隊員を発見した。若手隊員は気を失っていたが、気道を確保したらすぐに息を吹き返してくれた。しかし、低体温症が進行してしまい、昏睡状態に陥ってしまった。

続けて先輩隊員の捜索に移り、五〇メートルほど離れた場所で雪に埋まり、意識を失っている先輩隊員を発見した。すぐに心肺蘇生を行なったが、意識は戻らなかった。

二人の間を行ったり来たりしながら、「どうしようか」と途方に暮れていたときだった。コールが聞こえ、私の班の三人の仲間が上から下りてきた。三人は雪崩に巻き込まれなかったのだ。

馬場島からは、「二次雪崩の危険がある。その場から離脱せよ」という無線指示があった。しかし、四人だけでは二人の隊員を迅速に搬送することはできない。なんとしてでも先輩隊員を下ろしたかった。

結局、断腸の思いで先輩隊員をその場に残し、われわれは若手隊員を搬送して下山してしまった。若手隊員は一命をとりとめ、先輩隊員は還らぬ人となった。

事故のあと、私は一週間もしないうちに馬場島に入山し、みんなと一緒に天気が回復するのを待っていた。普通だったら、精神状態が不安定な事故の当事者を、すぐに現場に行かせるようなことはしないのだが、「山で眠る先輩隊員のそばにいたい」という私の意を上司が汲んでくれたのだろう。まわりのみんなの支え、家族の支えがあって、私は山岳警備隊にとどまることができた。

「富山県警察山岳警備隊」という看板を掲げている以上、隊員のひとりひとりは山岳遭難救助のプロフェッショナルでなければならない。たとえどんな危険な現場であろうと、救助を求める遭難者がいれば、われわれにはそこへ駆けつけていって救助したいと思う。しかし、そのわれわれが事故を起こしてしまったのでは、なんの意味もない。

この事故以来、私は救助に取り組む姿勢、とくに危険認識と安全意識について考えを改めた。それまでの危険認識は根拠のない自己判断のようなものであり、安全意識もどこか事なかれ主義的なものがあったように思う。

事故を機に、山岳警備隊の安全対策は厳格になり、二重三重のバックアップをとるようになった。隊員の運用方法や安全管理、必要な訓練日数の確保などの環境改善を組織全体で進め、危険認識や安全意識をより一層高めるために、行動前のKY（危険予知）や行動後の3H（ヒヤリ・ハッと、報告）の情報共有、山岳救急法や雪崩学の受講、ロープ登高術の研鑽など、思いつく限りの方策に取り組んでいる。

その結果、少しずつではあるが、山岳警備隊が前進しているという明るい兆しも現われている。平成二十七年三月に行なわれた積雪期山岳遭難救助訓練では、新たな安全管理のもとで、無事に剱岳の山頂に立つことができた。

山岳遭難救助の現場に携わっている限り、今後もこの取り組みを続けてより完全なものに近づけ、「世界にたったひとつしかない命」を守り続けていきたいと思う。

最初で最後の対話

木村哲也——入善警察署　一九七七年、東京都出身

記憶にない雪崩事故

富山県警察山岳警備隊では、これまでに三度の殉職事故が起きている。そのうち三度目の事故は平成二十三年の積雪期訓練中に起きた。私も雪崩に流されながら奇跡的に九死に一生を得た。だが、先輩の丸山分隊長が還らぬ人となってしまった。

この訓練は、小窓尾根、早月尾根、赤谷山の三つの班に分かれて行なわれ、私と丸山さんは小窓尾根班に割り振られていた。メンバーは全部で六人。計画では、小窓尾根から三ノ窓、池ノ谷ガリー、池ノ谷乗越を経由し、剱本峰を経て早月尾根を下山することになっていた。

訓練一日目は馬場島まで入り、二日目は小窓尾根に取り付いて、通称「マッチ箱」と呼ばれる頂稜付近で幕営した。

そして三日目の二月二十八日に事故が起きた。実は、私にはこの日の記憶がほとんどない。覚えているのは、朝、幕営地を出発したときと、三ノ窓の上あたりを登っているときのシーンぐらいだ。

以下は、私が意識を取り戻してから聞いた話である。

事故現場は池ノ谷ガリーの中間付近。私がトップで登り、二番目に丸山さんが、三番目に飛弾さんが続いているときに突然雪崩が発生し、この三人が巻き込まれた。後続の三人のうちひとりも流されたが、すぐに止まったそうだ。

流された三人のうち、飛弾さんだけが意識を失わず、完全埋没を免れたこともあって、なんとか自力でデブリから這い出し、すぐそばに埋没していた私をまず掘り出した。私は心肺停止状態だったが、飛弾さんが心肺蘇生を行なってくれたおかげで息を吹き返した。ただし、蘇生後は昏睡状態に陥っていたという。飛弾さんは続けて丸山さんを捜索・発見し、同様に心肺蘇生を施した。だが、丸山さんは二度と意識を取り戻すことはなかった。

そうしているうちに、雪崩に巻き込まれなかった三人が上から下りてきて飛弾さんと合流した。現場の状況から、丸山さんをその場に残すことになり、意識を失った状態の私をみんなで池ノ谷の二俣まで下ろし、そこにテントを張って一夜を過ごした。

私が意識を取り戻したのは翌朝のことである。起きたらテントのなかだったので、「あれ？　なんでテントのなかにいるのかなあ」と思った。着ているものは自分の服ではなく、シュラフも見覚えがないものだった。

「なにが起きたんだろう」と思い、みんなを見ると、憔悴しきった顔に驚きの表情を浮かべていた。

「おい、お前、自分の名前を言えるか？」と尋ねられ、「なんでそんな変なことを聞くんだろう」と思いながら「木村哲也です」と答えると、みんなは「おー、息を吹き返した」と言って喜んでいる。その後、雪崩事故に巻き込まれたことを初めて知った。

日が昇るとすぐにヘリがやってきて、私は富山市内の病院へと搬送された。ケガは軽い凍傷と擦過傷ぐらいで、深刻なダメージは負わずに済んだ。

現場付近では依然として雪崩の危険があるため、すぐには丸山さんの救助に向かえなかった。丸山さんをようやくご家族のもとに返すことができたのは、事故から三十八日が経過した四月七日のことであった。

丸山さんの笑顔

すべてが片づいた約一カ月後、先輩隊員に誘われて、事故現場となった池ノ谷に花を手向けにいった。丸山さんは日清のソース焼きそばが大好きだったので、それと大福をお供えしてきた。

異変が起きたのはその直後だった。下山するときに、足にまったく力が入らなくなってしまったのだ。馬場島まで下りてくるまでに、ちょっと歩いては転び、またちょっと歩いては転ぶことを何度も繰り返した。こんなことは初めての経験だったし、「いったいどうなってしまったんだろう」と混乱し、すっかり落ち込んでしまった。

山に入るたびに足に力が入らなくなってしまったら、とてもじゃないが山岳警備隊員として救助活動に携わることはできない。

「もう警備隊を辞めるしかないかな」

そう思わざるを得なかった。

その後しばらくして、丸山さんの奥さんと一度お会いして話をした。そのときに言われたのが、次の言葉だった。

「こんなことがあっても警備隊は辞めないで、がんばってくださいね」

私から「やめようと思っている」と言ったわけではない。

そのあと山に入ってみたら、以前どおりふつうに歩くことができた。足に力が入らなくなったのは、あのときが最初で最後だった。

私の場合、事故前後の記憶がないことが幸いして山を続けていられるのかもしれない。もしすべてのことを覚えていたら、山を続けていられなかったのではないかと思う。

事故が起きた前日、幕営地に着いたのち、先輩たち四人は翌日のルート工作に出かけていき、テントキーパーだった私と丸山さんは二人きりでテントのなかにいた。穏やかな昼下がりであったと記憶している。このときにいろいろな話をした。丸山さんと長い時間、話をするのは、このときが初めてであった。

丸山さんと最初に会ったのは、いつだっただろうか。おそらくまだ私が警察官になりたてのころだったと思う。たしか朝日小屋管理人の清水ゆかりさんに紹介していただいたのだ。山岳警備隊に憧れていた私は、緊張してかしこまってしまい、形式的な挨拶をするのが精一杯だったが、とにかく笑顔が印象的な方だった。

後年になって、「どうしたらそんなに素敵な笑顔がつくれるのですか」と尋ねると、あの満面の笑顔でこう答えてくれた。

「な〜ん、つかえんちゃ〜。がんばられ〜（丸山さんの口ぐせで、「問題ない。大丈夫だよ」の意味）」

テントのなかでの丸山さんとの話題は多岐に渡った。二人に共通する友人や知人のこと、新婚旅行の思い出、山岳警備隊のよもやま話や将来像、過去の登山や救助活動の思い出、世間一般のニュースや話題、そしてお互いの家族のこと……。

そのなかでとくに印象に残っている話題がある。丸山さんが息子とした約束のことである。訓練を終えて下山したら、当時上映されていたドラえもんの映画を息子と観にいかなければならないと、自分に言い聞かせるように、何度か繰り返し言っていた。

今にして思えば、それは「必ず生きて帰る」という強い決意の表れであったのかもしれない、私は、事故に遭ってから今日に至るまで、毎日毎回思うことがある。

なぜ、自分だけ生き残ってしまったのか。自分が死ねばよかったのではないのか。

そんな思いに駆られたときには、あのテントのなかでの丸山さんが決まって姿を現わす。あのときの丸山さんの姿、笑い声、そしてあの満面の笑顔が、私に「生きろ」と言うのである。

これからもきっと毎日思い出すことだろう、あの日の丸山さんを。

いつの日か、丸山さんのような笑顔で笑える自分になりたいと思う。

丸山さんの笑顔は、出会った日から今日まで、そしてこれからもずっと、私の生きる指標となっている。

あとがきにかえて
山岳警備隊の過去と未来

新人時代から常駐隊員へ

私が生まれた富山県氷見市は海岸沿いの地域のため、警察官を拝命するまでは立山にさえ行ったことがなかった。富山県民でありながら、立山連峰はごくまれに富山湾越しに、しかも宙に浮いた状態で遠望するのみ。まさに「遥か立山」であった。同じ富山県でも、山側と海側ではこれほどの違いがある。

昭和五十年四月、富山県警察官を拝命した後、山岳警備隊員を志願した。そのまずっと制服を着たままの警察官で終わるのも寂しい気がして、県警察に山岳警備隊があることを知り、若いうちだけがんばってみようと決心した。山の経験は皆無であったが、体力はほどほどあると思っていた。しかし、今振り返ると、実にアマい考えだったと思わずにはいられない。

入隊は、昭和五十三年九月。入隊して最初に味わったのは、「痛さ」と「キツさ」であったが、一方で「おもしろい世界もあるものだ」と興味も抱いた。九月に初の訓練に参加、初の地下足袋《じかたび》を履き、初のザックを背負って、黒部峡谷「上ノ廊下」に連れていかれた。訓練二日目、遡行中に足の親指を石にぶつけ、爪が浮いてしまった。痛いがじっと我慢。次第に靴擦れが悪化、踵や指の付け根がマメやら靴擦れやらでめちゃくちゃ状態になった。しかし我慢。期間中はありがたいことに晴天に恵まれ、毎日、あっちこっちへ沢登りをした。さらに夜間訓練も追加となるが我慢。なんとか歩き通し、一週間の訓練を終えた。

ボロボロになった足に同情を得て、署での勤務はサンダル履きが許可され、数日を過ごした。厚めの靴下を履いて靴が履けるまでに回復したが、パトカーで巡回中に突如、目の前が真っ暗となり、どっと汗が出て、一昼夜にわたり下痢が続いて病院へ搬送された。診察の結果は「ねずみチフス」と宣告された。秋山訓練中に、チフス菌を保有したネズミと接触したのが原因のようである。伝染しないとのことから隔離は免れたが、三日間は飲食を受けつけず点滴の日々となった。

我慢我慢の訓練ではあったが、山にはその痛みを負かすだけの魅力も多くあった。

それは山で働く山小屋の主人や山岳ガイドたちである。また、個々の隊員でいえば、後に隊長を務める谷口凱夫や椙田正のほか日下昭らがトロイカ体制を確立していた時代であった。厳しい上下関係はあったが、理不尽さはなかった。どういう訳か、私はこの三人から人一倍かわいがってもらった。

新人だったころで、今でもよく覚えているのは、昭和五十五年一月、剱岳早月尾根で発生した地元の魚津岳友会の二人の滑落遭難である。入隊して一年半未満の私にとって初の冬山遭難出動であり、遭難を仕切る鬼軍曹の「おい、若い衆は、今日中に馬場島へ入って、明日は伝蔵小屋(現・早月小屋)へ食糧の荷揚げだ」のひとことですべてが決まった。翌朝、馬場島警備派出所前でワカンを履こうとするが、一年前の冬山訓練で数度、履いただけだったので、勝手がわからずもたもたしてしまった。すると、窓から身を乗り出した日下さんに、真っ赤な顔にどでかい声で怒鳴られた。今思えば、私のような隊員五名をよくぞ行かせたものと笑ってしまう。このときの先輩たちは、まるで親しい友人が遭難したかのように、適切と言うより親身な対応をしていたことをよく覚えている。当時は「遭難者もわれわれと同じ山仲間」との意識が強かった時代であった。

若かったせいだろう、あのころは勢いだけはあった。なにが危険なのかもわからず、しかも知識も技術もゼロであったが、あっちこっちの現場へ送り込まれた。ただ、トロイカたちは、いつも必ず頼りになる年配の隊員を付けてくれた。当時は、「鉄人・清水正雄」が全盛期のころで、現場急行時にはごっちゃ混ぜになった汗と涎《よだれ》を顎から垂らしながらがんばる先輩で、いまでも最も尊敬している現場隊員である。そのほかにも、動物的な勘を持つ「マタギ」的な先輩もいた。技術だけではカバーできない事態でも、突拍子もない行動で難題を処理していく先輩たちは、立山の麓の芦峅寺で育った人たちの流れを引き継いでいるのであろう。そういう先輩たちがいたことが非常にありがたかった。残念ながら私には、マタギのようなセンスはなく、先輩たちの見よう見まねで、失敗を繰り返しながら経験を積んでいき、次第に「この距離なら」「この斜度なら」「この安定度なら」というラインが見極められるようになってきた。根本的には臆病な自分が変わることはなかったが、隊員歴を重ねるごとに、あえて大胆に行動することも必要と感じることも知った。

昭和四十六年、富山県警察は、全国に類がない、年間を通じて山岳警備派出所で山岳業務に専従する常駐隊員制を確立した。私も昭和五十八年から十一年間、この常駐隊員を務めた。当時は、一年を通じてほぼずーっと山に泊まり込んでいたため、警察署で勤務する署員よりも山で働く山小屋や関係機関の人たちと接する時間のほうが遥かに長かった。そんな影響からか、マスコミの取材や激励で入山する警察関係者からは、「あなたは警察官らしく見えませんね」と言われたことが何度かあった。

常駐隊員だったとき、トロイカたちからは、「遭難があれば、お前が先頭に立つんだぞ」と言われ、不安を感じながらも「自分がリードしなければ」との気持ちでがんばった。私の躊躇は、後輩にもろに影響してしまう。現場で不測の事態が発生してもトロイカたちがなんとかしてくれると信じ、運を天に任せる思いで活動したことが何度もあった。

救助要請は、時と場所を選ばず飛び込んでくる。休暇であろうが、事故が発生すればすぐに呼び出しがかかった。部下の結婚式前日に救助要請があって五日間入山し、式には出席できなかった。身内の結納の場に電話が入り、飛び出していったこともあった。祖母が亡くなったときも日帰りで現場へもどった。昇任試験や資格試験をキャンセルしての現場出動もあった。それらはこの仕事を選んだ者の宿命であり、当時は内心それを誇りに感じていたのも事実である。

三度の殉職事故を乗り越えて

富山県警察の実戦訓練は、主に剱岳一帯で発生する遭難を想定し、いかに安全な方法で救助するかを主眼に、毎年九回、延べ四十七日間、全隊員参加を基本に実施している。とくに積雪期訓練では、吹雪や濃霧のため行動不能に陥ったパーティの救助を想定し、安全に進退できるシステムの定着化を目指している。隊の発足以来、先輩から教わったルート上の弱点や危険箇所など、貴重なデータは現在に至るまで脈々と伝えられてきた。

剱岳は、準備不足、無計画、実力不足の人間を受け入れてくれない。われわれの訓練内容は、他の救助組織よりも一歩踏み込んだものとの評価を耳にすることがあるが、評価がいかようであれ、剱岳で安全に活動するためには絶対に欠かせない最低限の訓練と言っても過言ではない。それでも山岳警備隊は過去三度の殉職事故を経験している。

最初の事故は、私が常駐隊員として活動していた昭和六十年五月であった。行方不明の男性を遺体で発見、収容のため標高約七五〇メートル地点を搬送中に山腹の雪塊が崩落し、OB隊員の郷先輩（四十歳）と私が直撃を受けた。私は大腿四頭筋断裂の全治二カ月で済んだが、二メートル後方の郷先輩が全身打撲で重体に陥った。当時は警察・消防にヘリの配備がなく、全面的に民間ヘリに頼っていた時代であったが、悲しいかな当日はその民間ヘリも不在であった。

苦痛に無言で耐えている郷先輩を丁重に林道まで人力搬送し、その後は救急車搬送となったが、山道は車一台がやっと通れるだけの幅で、曲がりくねっている。しかも未舗装のため、車は前後左右に大きく振られながら低速で下り続けることとなる。それをものともせず上司の谷口凱夫、常駐隊員の北山幹郎先輩は汗だくで、じかのマウス・ツー・マウスと心臓マッサージに全神経を注いでいる。私は、事の重大性を理解しようとせず、ただ二人の懸命の蘇生動作をボーッと見つめ、「夢か。夢であってくれ」と繰り返し祈るだけであった。

病院収容後、どれほどの時間が経過したことか。診察時間が過ぎていたのか廊下には明かりも人影もない。静まり返っていた廊下に、家族の声が大きくむなしく反響していたことを明確に覚えている。私はひとり廊下に立ち続けているだけで、忘れることのできない殉職となった。

その後、一カ月の入院中、上司の谷口凱夫が様子窺いに訪れ、横たわっている私の横に立ち、私を見下ろして「辞めるか」と問いかけた。いつものような強引さはなく、「どっちでもいいぞ」というニュアンスであった。私は迷わず「辞める訳にいかんです」「辞める訳にいかんです」と繰り返した。その短い会話で気持ちは充分伝わったと感じた。

まさかの再現

平成二年三月、剱岳早月尾根の標高二九五〇メートル付近で雪崩事故が発生した。積雪期遭難救助訓練は、救助ルートの危険箇所・概念把握、安全登山技術の向上、チームワークの醸成などを目的に、早月尾根、小窓尾根、北方稜線の三ルートで実施された。各班は順調に訓練目的を消化し、事故前日も早月隊の鍛冶さんと小窓隊の私は無線で「明日は本峰（剱岳）で合流！」と交信を交わしていたのだが……。

その日、剱岳直下まで登高していた鍛冶啓一郎（三十七歳）は、突如の雪崩に巻き込まれ、遥か下方の池ノ谷へと消えた。現場は、雪崩多発期には尾根上からの監視活動しかできず、池ノ谷一帯へ立ち入っての本格的な捜索はゴールデンウィークが過ぎた五月中旬からとなった。鍛治さんとは同じ舟橋村官舎で生活し、仕事も遊びもいっしょだった。絶対に自分が見つけ出して家族にお渡しすることが、常駐隊員であり、遭難現場のリーダーでもある自分に課せられた任務と考え、一〇〇名を超える同期生らの想いを胸に、交互に送り込まれてくる隊員らとともに休日を返上して捜索を行なった。発見は七月十七日、実に一三二日目のことであった。

五年の間に二度も発生した郷さん、鍛治さんの殉職事故は、現場隊員だけでなく、隊員の家族にも大きな衝撃を与えたはずである。そうしたショックを払拭させて、山岳警備隊を躍進させていくにはどうしたらいいのか。その後も発生する遭難を自分の責任において処理していくなかで考え出した結論は、「隊員を牽引するのに言葉は要らない。危険な遭難現場では率先して飛び込んでいくだけだ」ということだった。先輩隊員の清水正雄さんが出動する後ろ姿もそうであったように、言葉が不要なそのやり方が自分らしい表現方法に思え、極力、あえて危険な現場へ飛び込んでいった。その裏には、万が一、自分になにかあったとしても、谷口さんや椙田さんらがなんとかしてくれるという信頼感があった。それで、一気に気持ちは楽になった。

その後も、剱岳で多くの重大な遭難事故が続発したが、ヘリや地上部隊による適切な処理によって高い評価を得るようになっていく。同時に隊員の間でも、過去の殉職でもたらされた不安はかなり薄らいでいき、より高みを目指す積極的姿勢が隊の主流となっていった。

平成二十年三月、私は富山県警察山岳警備隊の隊長に任命された。複雑な思いだったが、それまで先輩が切り拓いてきた道は、はっきり見えていた。隊員には、自分が経験してきた訓練や救助活動方針を再現させるつもりはなかった。もし、隊員にそれを強要すれば大きなリスクを抱くことは明白である。ただ、あの時代、自分が置かれた状況では、あのような方針がいちばん手っ取り早く効果的であったし、自分の性格にも合っていただけのことである。自分が活動しているときはそれでよかったが、今の隊員に強要するつもりは毛頭ない。むしろ、逆に安全に基づいた根拠ある活動を行なってほしいことを強調した。

私自身、平成九年三月の積雪期遭難救助訓練中、剱岳「小窓ノ王」の基部をトラバース中に滑落し、首、肩、腰、膝などを負傷したまま、一昼夜、半宙吊り状態となったことがある。付き添ってくれた同僚の体温を分けてもらいながら厳寒に耐え、翌日、風雪と濃霧の合間を縫って県警ヘリが再三のホバリングを試みてくれ、十二度目にしてホイスト救助を成功させてくれた。私が生きているのは、紛れもなく同僚のおかげである。宙吊りになっているとき、「人間、死ぬときはこうやって死ぬのかなあ」と、家族と世話になった上司らの顔が次々と脳裏をかすめたものだった。

三度目の殉職事故

私が隊長になって三年目の平成二十三年二月に起きたのが、丸山政寿(四十五歳)君の殉職事故である。剱岳での冬季遭難を想定し、赤谷尾根と小窓尾根、そして早月尾根の三隊に分かれての訓練であった。小窓隊は、将来有望な若い隊員を主体とし、アドバイザー役として雪山経験、忍耐力、協調性、安全意識などの面から高い信頼を得ている丸山君を一員に加えた。彼は、ヒマラヤのガッシャーブルムⅠ峰遠征登山やアルプスのオートルートのスキーツアーなどのほか、富山県警察官拝命以前には地元山岳会に所属し、剱岳の岩場や黒部の沢、山スキーの経験も豊富で、隊員からは絶対的な心服を得ていた。しかし事故は起きてしまった。二月二十八日、池ノ谷ガリーを登高中に雪崩に巻き込まれたのである。

そのとき私は、剱岳の麓の馬場島警備派出所にひとり残留し、各班からの行動報告を受け、必要により助言するなど総合的な指揮を行なっていた。

そこへ突然、遭難対策用無線で小窓班から「雪崩発生、三名が池ノ谷へ雪崩に巻き込まれ流された」という一報が入ってきた。すかさず「残っている三名は、ロープを使って確実に三ノ窓へ下降せよ」と冷静に指示したことをはっきりと覚えている。続けて関係部署へ連絡を入れ、現地の天候を確認し、ヘリの手配を行なった。そして各班の行動把握など、メモを取りつつ、「最善の策は？　最善の策は？」と自問自答しながら対処した。

内心「剱岳には神はいないのか。なぜ、警備隊員を雪崩に巻き込むのか。非情だ」と嘆くが、現実は現実。最善を尽くすしかなかった。

現場では同僚が懸命の蘇生を施したが、結局、丸山君は帰らぬ人となった。

再生に向けて

丸山君を収容するまでは、何事においても集中力が欠ける始末だった。三度の殉職事故などあっていいものであろうか。これまでの自分たちの活動は誤りなのか。降雪時の冬山登山は悪なのか。まして冬山では地上からの救助などあってはならないのか。自問を繰り返した。自分はいかにあるべきか。警察葬が終わったのち、事故の再発防止に向け、検討会や部外者からの意見もいただきながら、模索が続く。一方、現実逃避の自分が見え隠れもしだす。

妻に「辞職」を打ち明け、「転職先を決めた後であれば」との条件で了承を得た。熟慮断行。上司に「辞職」を申し出た。厳しい激励に涙しながらも、固い決意で再三、申し入れをした。最終的に在職を決意させたのは、「遺族への支援や隊の再建は、三度の経験がある高瀬にしかできないことがわからないのか。責任を成し遂げてから退職せよ。悲劇のヒーローのまま逃げるな」と一喝、諭されたからだ。

当時は本部内を歩くことに罪悪感すら抱いたが、上司、先輩、同僚たちの絶大な支えが自分の心を次第に変化させ、今日に至っている。

以前の隊の質や方向性を改め、殉職絶無に向けての改革を行なうと、殉職した三人と自分に固く誓った。その過程では、「冷たい」「理解できない」など内外の評価を耳にすることもあったが、そこまで徹底する理由を理解できないのは当然である。彼らは遭難当事者ではないのだから。

我が隊の歴史からは三人の殉職者が出た事実は消えない。再発防止に向けた真剣な取り組みが求められていることを、真摯に理解しなければならない。

どんなことがあろうと、山で死ぬことは誤りであるはずだ。

業務として山で活動するわれわれにとってはなおさらのこと、訓練であっても実際の救助活動であっても、安全優先の計画でなければならない。できないのであれば、命を賭けるべきではない。隊員には、遭難者救助と同様に自分たちの安全を守る義務もあることを忘れてはならない。

繰り返しになるが、悲しいかな我が隊は五十年の歴史のなかで、三度の殉職と約二十回の受傷事故を経験し、四〇〇〇人の遭難者救助に携わってきた。山岳遭難の絶無は、山岳関係者の悲願でもある。

今後、富山県警察山岳警備隊は、遭難者救助に対して安全システムの改革に向けた取り組みを継続することで、いずれは日本の救助組織に大きな影響を与えることも可能だと信じている。その根拠は、平成二十三年の丸山君の雪崩事故の際、仲間のために雪崩の巣と言われる「池ノ谷」へ飛び込んでいった隊員とその仲間がいるという事実だ。いずれ彼らの熱い情熱が、人を動かすものと信じている。

平成二十八年七月

富山県警察山岳警備隊長　高瀬 洋

文庫への追記　その後の山岳警備隊

飛弾晶夫（富山県警山岳警備隊隊長）

○ 組織体制の強化

平成三十年四月、私は山梨県警への出向を終え、富山県警山岳警備隊に復隊した。三年ぶりの隊は、新たに設立された地域部・山岳安全課の下、山岳地帯の安全確保に向けて新たな一歩を踏み出していた。また、同年十月には、山岳遭難救助活動の先進国であるスイス・フランスに隊員を派遣し、組織体制、装備・技術、活動状況、遭難防止対策等に関する視察を実施した。

令和元年、年号が平成から変わったこの年、富山県の山岳遭難は、統計が残る昭和四十年以降で最多となる一四〇件を記録し、山岳警備隊や警察航空隊などの山岳救助機関がフル稼働で対応した。

○ 新型コロナウイルス感染症との闘い

令和二年四月、折しも新型コロナウイルス感染症がその猛威を振るう最中、私は山岳警備隊長に就任した。この年、パンデミックの影響で、県内の山岳遭難発生件数は前年から半減したが、その一方で救助活動中の隊員の感染対策に苦慮することとなった。

背負い搬送では、必然的に遭難者と隊員が密着することになる。遭難者に新型コロナの感染が疑われる救助事案では、感染対策として、マスクや防護服を着装しての救助活動が必須となったが、当然ながら隊員の負担は増大した。また、このような救助活動後は、隊内での感染拡大を未然防止するために、救助にあたった隊員を頭のてっぺんから足の先まで消毒し、さらに隔離勤務させるなど、平時には考えられないようなことに神経を使わされた。

幸いにも、一部の隊員に感染者が出たものの、山岳警備隊や警察航空隊が全滅するような事態にはならず、コロナ禍を乗り切ることができた。真夏の炎天下、完全防備で現場臨場するような状況は金輪際ごめんだ、というのが正直な気持ちだ。

○　変わりゆく隊～女性隊員の誕生～

令和四年四月、山岳警備隊史上初の女性隊員に辞令が発せられた。この隊員は、富山県警察の山岳警備隊員を志し、男所帯の警備隊で通用するためにと、学生時代に看護師の資格を取得し実務経験を積んだ上で、富山県警察官を拝命した。入隊前から現在に至るまで、彼女は人一倍の努力を積み重ね、訓練でも救助でも、ほかの隊員と同等の活動をしている。

かつての山岳警備隊は「担げてなんぼ」の体力至上主義であり、女性が隊員になるという選択肢は皆無であった。もちろん、今でも体が資本であることに変わりはないが、一方で、多様な登山者に対応する際、隊員には体力以外の部分が求められる場面も多い。

十人十色の隊員が、それぞれの個性や持ち味を生かし、山岳警備隊にとって必要不可欠な存在に成長してほしい。そして、山岳警備隊自体も、世の流れに応じて変化していくことを恐れない、柔軟な組織でありたいと思う。

○　さらなる強靭な山岳警備隊を目指して

令和五年五月の新型コロナウイルス感染症の5類移行に伴い、富山県の山々にも登山者が戻ってきた。それ自体は喜ばしいことだが、一方で山岳遭難も急増し、令和五年中の山岳遭難件数は一三〇件を超え、コロナ禍以前の年と比較しても非常に多い年となった。

私が隊長に就任し、歴史ある富山県警察山岳警備隊を率いることとなって、四年が経とうとしている。あっという間の四年間であったが、隊員が訓練や救助活動等で山に向かっていく姿を見送るたびに、なんとも落ち着かない重く張り詰めた気持ちになるのは、毎回変わらない。歴代隊長の精神力の強さには頭が下がる。

今、平成二十三年二月の丸山さんの殉職事故から、十年以上の歳月をかけて改善を繰り返した富山県警山岳警備隊独自の救助活動に関する安全対策が熟しつつある。しかし、気付けば、平成二十四年度以降に入隊した隊員が二十七人中十五人と半数以上を占めており、殉職事故の再発防止に向けた安全意識が薄れてしまわないかと、不安に駆られてしまうのも事実だ。

この事故を経て決心した「山で死んではいけない。死なせてはいけない。」という思いを、一人でも多くの隊員に伝承し、遭難者の救助と同様に、隊員が自身の命も守らなければならないということを、これからの隊員たちにあらためて意識させていきたい。私が生かされ、そして山岳警備隊長に任命された最大の理由が、ここにあるのだと感じている。

今後、富山県警察山岳警備隊を取り巻く環境は、技術の発展と共に変化していくことと思うが、世界にたった一つしかない命を救うためにも、歴代の諸先輩方から脈々と受け継いできた警備隊魂を変えず、そして絶やすことなく、さらに強靭な山岳警備隊を目指して、日々努力したいと考えている。

富山県警察山岳警備隊関連年表

●1954（昭和29）年
7月1日　富山県警察発足

●1959（昭和34）年
9月16日　富山県山岳遭難対策協議会（以下、遭対協）結成
10月15日　富山県警察山岳救助隊結成、隊長以下15人
千寿ヶ原に臨時警察官派出所開設
11月15日　遭対協上市支部結成（後の立山・剱岳方面遭対協）
30日　遭対協立山支部結成（後の立山・剱岳方面遭対協）
12月10日　遭対協宇奈月支部結成（後の宇奈月方面遭対協）

●1964（昭和39）年
2月25日　富山県警察山岳救助協力隊発足
7月1日　剱沢管理所開設
剱沢診療所開設（日本医大・金沢大医学部）
剱沢に臨時警察官派出所開設

●1965（昭和40）年
2月1日　立山・剱岳方面遭対協結成
12日　富山県警察山岳警備協力隊発足（前年発足の山岳救助協力隊を改称）
3月5日　富山県警察山岳警備隊発足（山岳救助隊改称）

12月1日　馬場島に臨時警察官派出所を開設
13日　朝日岳方面遭対協結成

●1966（昭和41）年

3月26日　富山県登山届出条例制定・施行（馬場島に登山指導員詰所設置）
6月1日　室堂平に警察官派出所新設

●1968（昭和43）年

4月1日　欅平に臨時警察官派出所開設（平成17年4月1日廃止）

●1969（昭和44）年

5月1日　富山県山岳救助隊発足（昭和47年、山岳警備隊に編入）
9月29日　剱沢臨時警察官派出所開設
11月1日　富山県登山届出条例施行規則制定・施行

●1970（昭和45）年

6月13日　薬師岳方面遭対協結成

●1971（昭和46）年

3月24日　全国初の警察官2人による山岳常駐体制確立

●1972（昭和47）年

4月1日　山岳警備隊2人と嘱託職員6人の常駐体制

●1973（昭和48）年

8月2日　山岳遭難対策協議会用無線開局
12月17日　医王山大門山方面遭対協結成

●1974（昭和49）年

4月1日　宇奈月方面遭対協結成

7月24日　隊員2人がヨーロッパアルプス視察
12月1日　馬場島警備派出所新築
●1976（昭和51）年
7月10日　立山自然保護センター開設（現・立山センター）室堂警備派出所を移設
●1978（昭和53）年
5月15日　警察学校教養として「山岳警備専科」実施
●1979（昭和54）年
9月30日　三笠宮寛仁殿下の剱岳登山警衛
●1982（昭和57）年
6月30日　黒部湖警備派出所に警備艇配備
9月7日　新型遭難対策用無線局開局
●1983（昭和58）年
5月27日　県山岳連盟主催パキスタン、ナンガパルバット遠征に隊員1人参加
11月18日　富山市民病院屋上ヘリポート開設　全国初の公立病院屋上ヘリポート
●1984（昭和59）年
2月28日　イタリアの世界警察官スキー大会に山岳警備隊員1人参加
6月21日　隊員2人がヨーロッパアルプス視察
●1985（昭和60）年
2月27日　イタリアの世界警察官スキー大会に山岳警備隊員1人参加
5月27日　救助活動中の山岳警備隊OB隊員が殉職
●1986（昭和61）年
12月1日　「岳翔会」　発足（山岳警備隊員とOBで構成）

●1988(昭和63)年
1月22日　県警ヘリ「つるぎ」導入(ベル206L—3型・ロングレンジャー)
2月29日　イタリアの世界警察官スキー大会に山岳警備隊員1人参加
6月10日　県山岳連盟主催パキスタン、ブロードピーク遠征に隊員2人参加
12月23日　山岳遭難者探索システム(ヤマタン)運用開始
●1990(平成2)年
3月7日　剱岳早月尾根で山岳警備隊員が雪崩で1人殉職
5月3日　県警ヘリ「つるぎ」、山岳警備隊員1人が福井県荒島岳へ応援派遣
12月1日　雪上車が立山・剱岳方面遭対協に導入
●1991(平成3)年
11月　第1回全国山岳遭難救助指導者研修会を富山県で開催
11月15日　馬場島警備派出所を移設新築
●1992(平成4)年
6月21日　県立中央病院屋上へリポート開設
●1993(平成5)年
9月10日　山岳警備隊員の群馬県谷川岳へ救助技術研修を受講
●1994(平成6)年
6月15日　県山岳連盟主催パキスタン、ガッシャーブルムI峰遠征に隊員3人参加
9月23日　隊員2人がヨーロッパアルプス視察
●1995(平成7)年
4月17日　隊員が装備開発「金山式吊上げベルト」で科学技術長官賞受賞
●1996(平成8)年

3月15日　県警ヘリ2代目「つるぎ」導入（アグスタ式A109K2型）
4月1日　富山県消防防災航空隊発足 防災ヘリ「とやま」運用開始（ベル式412EP型）
11月　インターネットで山岳情報提供開始
●1997（平成9）年
5月22日　島根県隠岐ノ島へ応援派遣
●1998（平成10）年
8月8日　県警ヘリ「つるぎ」及び山岳警備隊員、山梨県北岳応援派遣
●1999（平成11）年
9月　高岡市民病院屋上ヘリポート開設
●2000（平成12）年
3月5日　登山研修所主催研修会において大日岳で雪庇崩落により研修生2人死亡、救助活動中の山岳警備隊員等3人が二重遭難
12月15日　雪上車導入
●2003（平成15）年
9月1日　砺波総合病院屋上ヘリポート開設
●2004（平成16）年
2月8日　福井県大長山へ大学ワンダーフォーゲル部14人の救助活動に応援派遣
5月21日　県山岳連盟主催北米、デナリ（マッキンリー）遠征に隊員4人が参加
9月24日　隊員2人がヨーロッパアルプス視察
12月7日　黒部市民病院屋上ヘリポート竣工式
●2006（平成18）年
10月18日　山岳警備隊員が装備開発「背負い搬送兼ヘリコプター吊上げ用バンド」で警察庁長官賞受賞

●2008（平成20）年
4月14日　山岳警備隊員が装備開発「背負い搬送兼ヘリコプター吊上げ用バンド」で文部科学大臣賞を受賞
5月27日　初の県議会教育警務委員会行政視察。7人が雑穀谷訓練視察
9月10日　防災航空隊員1人が山岳警備隊の秋山遭難救助訓練に初参加
10月8日　山岳警備隊員が装備開発「汎用救助ハーネス」で警察庁会計課長賞受賞
●2009（平成21）年
1月17日　県山岳連盟主催アルゼンチン、アコンカグア遠征に隊員2人参加
3月25日　常駐隊員が2人増員、6人体制
10月　隊員が装備開発「遭難者収納袋」で警察庁会計課長賞受賞
●2010（平成22）年
11月8日　第1回北アルプス3県合同山岳遭難防止対策連絡会議発足
●2011（平成23）年
2月28日　池ノ谷ガリーで雪崩に遭遇、山岳警備隊員殉職
●2012（平成24）年
3月26日　常駐隊員が2人増員、8人体制に
10月5日　元山岳警備隊員が装備開発「新型スノーバー」で警察庁長官賞受賞
11月　衛星イリジウム携帯電話6台導入
●2013（平成25）年
4月1日　独立行政法人日本スポーツ振興センター国立登山研修所と富山県警察本部地域課が事業協力に関する協約書締結
6月23日　県山岳連盟主催ペルーアンデス、アルテソンラフ遠征に隊員2人参加

9月8日　登山研修所と韓国（大韓民国国立公園管理公団北漢山生態探訪研修院）が事業協定、山岳警備隊員1人が韓国へ同行
11月　馬場島で携帯電話の基地局が運用開始
●2014（平成26）年
2月21日　県警ヘリ3代目「つるぎ」導入（アグスタ式AW139型）
4月1日　山岳警備隊員が富山県自然保護課へ出向
4月16日　富山県立山室堂地区山岳スキー等安全指導要綱施行
●2015（平成27）年
3月23日　警察本部山岳警備隊が航空隊舎に拠点移動
4月1日　山岳警備隊員と山梨県警山岳救助隊員が人事交流
5月10日　登山研修所と韓国（前記、研修院）の事業協定により、山岳警備隊員1人が韓国へ同行
7月21日　富山大学付属病院へリポート運用開始
8月24日　富山県ドクターヘリ運航開始（アグスタ式AW109SP型）
12月31日　50年間で過去最多遭難件数（年間136件）

装丁――――イイタカデザイン
DTP――――千秋社
校正――――戸羽一郎

富山県警レスキュー最前線

二〇二四年二月二十日　初版第一刷発行

編　者　富山県警察山岳警備隊
構　成　羽根田 治
発行人　川崎深雪
発行所　株式会社 山と溪谷社
郵便番号　一〇一―〇〇五一
東京都千代田区神田神保町一丁目一〇五番地
https://www.yamakei.co.jp/

■乱丁・落丁、及び内容に関するお問合せ先
山と溪谷社自動応答サービス　電話〇三―六七四四―一九〇〇
受付時間／十一時～十六時（土日、祝日を除く）
メールもご利用下さい。
【乱丁・落丁】service@yamakei.co.jp
【内容】info@yamakei.co.jp
■書店・取次様からのご注文先
山と溪谷社受注センター　電話〇四八―四五八―三四五五
ファックス〇四八―四二一―〇五一三
■書店・取次様からのご注文以外のお問合せ先
eigyo@yamakei.co.jp

印刷・製本　大日本印刷株式会社
フォーマット・デザイン　岡本一宣デザイン事務所
定価はカバーに表示してあります

Printed in Japan　ISBN 978-4-635-04994-8

ヤマケイ文庫の山の本

新編 単独行
新編 風雪のビヴァーク
ミニヤコンカ奇跡の生還
垂直の記憶
梅里雪山 十七人の友を探して
わが愛する山々
空飛ぶ山岳救助隊
山と渓谷 田部重治選集
ソロ 単独登攀者・山野井泰史
単独行者《アラインゲンガー》 新・加藤文太郎伝 上／下
山のパンセ
山の眼玉
山からの絵本
穂高に死す
長野県警レスキュー最前線
深田久弥選集 百名山紀行 上／下
穂高の月

ドキュメント 雪崩遭難
ドキュメント 単独行遭難
生と死のミニャ・コンガ
若き日の山
紀行とエッセーで読む 作家の山旅
白神山地マタギ伝
黄色いテント
安曇野のナチュラリスト 田淵行男
名作で楽しむ 上高地
どくとるマンボウ 青春の山
山の朝霧 里の湯煙
新田次郎 続・山の歳時記
植村直己冒険の軌跡
山の独奏曲
原野から見た山
瀟洒なる自然 わが山旅の記
高山の美を語る

山・原野・牧場
山びとの記 木の国 果無山脈
八甲田山 消された真実
ヒマラヤの高峰
深田久弥編 峠
穂高に生きる 五十年の回想記
穂高を愛して二十年
足よ手よ、僕はまた登る
太陽のかけら アルパインクライマー 谷口けいの軌跡
雪原の足あと
侮るな東京の山 新編奥多摩山岳救助隊日誌
北岳山小屋物語

新刊 ヤマケイ文庫クラシックス

冠松次郎 新編 山渓記 紀行集
上田哲農 新編 上田哲農の山
田部重治 新編 峠と高原
木暮理太郎 山の憶い出 紀行篇